AF219016

Harald Kunowski

Georg August Kunowski

Harald Kunowski

Friedenskirche Schweidnitz

Pastor Primarius

Georg August Kunowski

Inhaltsverzeichnis

Vorwort

Die in Osteuropa vor dem Ende des letzten Jahrhunderts vollzogene politische Wende ermöglichte der an Kulturgütern aus dieser Region interessierten Welt einen freien Zugang zu den Kunstschätzen, die Jahrzehnte lang überwiegend dem Verfall ausgesetzt waren. Ein besonderes Augenmerk galt dabei der nach dem dreißigjährigen Krieg in Schlesien errichteten protestantischen Friedenskirche in Schweidnitz, die zusammen mit der ebenfalls noch erhaltenen Kirche in Jauer 2001 zum Weltkulturerbe erklärt wurde. Dank einer intensiven Zusammenarbeit zwischen polnischen und deutschen Institutionen und der Bereitstellung von entsprechenden Fördermitteln gelang es, die 1652 im Fachwerkstil errichtete Schweidnitzer Kirche wieder in einen hervorragenden baulichen Zustand zu versetzen.

Bisher fehlten die nötigen Fördermittel um andere Bereiche wie etwa den alten Friedhof zu restaurieren. Bedauerlicherweise befinden sich die aus Schlesien vertriebenen Nachfahren der hier ruhenden Personen nicht mehr vor Ort, um sich um die Pflege und Instandhaltung dieser Grabmale zu kümmern. Zerstörungen und Vandalismus haben diese einst sehenswürdige Ruhestätte in einen verwahrlosten Zustand gebracht. Ein Urenkel von Georg August K u n o w s k i hielt von einer noch vor kurzem unternommenen Reise nach Schweidnitz in seinen Lebenserinnerungen folgenden Eindruck fest: „Es war erschütternd zu sehen, wie aus den ehemals repräsentativ aufwendigen Grabstätten einer wohlhabenden evangelischen Bevölkerungsschicht in der bis zum Kriegsende auch durch eine Garnison nicht unbedeutenden Stadt in so kurzer Zeit ein höchstens noch für Archäologen interessantes Nichts werden konnte."[1] Dennoch gelang es in wenigen Ausnahmefällen, z.B. dem des Amtsvorgängers von Georg August K u n o w s k i, die Grabstelle mitsamt Pavillon durch Fördermittel der Nachwelt zu erhalten. Es wäre

1 Kunowski, von, Jürgen, Ein Leben, Berlin 2018, unveröffentlicht

wünschenswert, dass auch andere Bereiche des historischen Friedhofs durch gezielte Fördermaßnahmen nach und nach restauriert werden könnten.

Unter den heute noch vorhandenen Kunstgegenständen der Friedenskirche befindet sich auch eine beachtliche Sammlung von weitgehend unrestaurierten Ölgemälden, auf denen ihre Pfarrer, die in diesen ehrwürdigen Mauern vor ihrer Gemeinde in guten und schlechten Zeiten das Wort Gottes gepredigt haben, in ihrer jeweiligen Amtstracht verewigt sind. Die insgesamt 36 Bilder von 41 Geistlichen wurden auf Anregung von Ludwig W o r t h m a n n nach dem 250 Kirchenjubiläum mit Namen, Rang, Amts- und Lebenszeit in eine chronologische Reihenfolge gebracht und katalogisiert.[2] Auch zur geplanten Restaurierung dieser wertvollen Zeitzeugen fehlen die erhofften öffentlichen Fördermittel. Eine schrittweise Restaurierung dieser Bestände könnte möglicherweise im Rahmen von Bildpatenschaften in Angriff genommen werden. Doch leider haben seit Anfang 2020 viele kirchliche Aktivitäten einschließlich von Restaurierungsvorhaben aufgrund der unerwarteten Viruspandemie einen deutlichen Rückschlag erlitten.

Von den insgesamt 41 protestantischen Geistlichen während der ersten 250 Jahre ihres Bestehens waren 13 von Ihnen als sog "erste" Pfarrer bzw. Pastor Primarius mit der Leitung der Kirche betraut. Einige von ihnen haben sich in besonderer Weise um die protestantische Kirche in Schlesien verdient gemacht. Als herausragender Vertreter an der Schweidnitzer Friedenskirche wird zuallererst und gewissermaßen stellvertretend Benjamin S c h m o l c k (1702-1737) genannt, der fünfte Pater Primarius, der sich insbesondere dadurch auszeichnete, dass er ein Fülle von Kirchenliedern schuf, die noch heute zum festen Bestand in den

2 Worthmann, Ludwig, Führer durch die Friedenskirche zu Schweidnitz, Schweidnitz und Breslau 1929

protestantischen Gesangbüchern zählen.[3] Über seine Pfarrerkollegen, die die Geschicke in den vor- und nachliegenden Zeiten lenkten, finden sich in der Literatur nicht annähernd so umfangreiche Würdigungen ihres Lebenswerks. Die längste und wohl wechselvollste Phase in der 250-jährigen Geschichte der Kirche mit einer zweiundvierzigjährigen Dienstzeit verzeichnete die Friedenskirche mit ihrem Pastor Primarius Georg August K u n o w s k i in der Zeit von 1796 und 1838. Außer in den Aufzeichnungen der Familie Kunowski ist wenig von ihm überliefert. Vor einigen Jahren wurde eine erste ausführliche Beschreibung seines Lebens und Wirkens als Pastor in Schlesien in Wikipedia[4] veröffentlicht. Mit der zunehmenden Digitalisierung alter Schriften wurde auch der Zugang zum Schrifttum über schlesische Kirchengeschichte deutlich verbessert. Hierunter befindet sich eine Vielzahl von Veröffentlichungen, die sich mit der Friedenskirche und ihren Pastores Primarii, darunter auch G.A. K u n o w s k i befassen. Damit steht dem interessierten Leser eine ganze Reihe von Literaturquellen zur Verfügung, die nun den Anstoß gaben, über das Leben und Wirken dieses Pastor Primarius an der Friedenskirche in Schweidnitz die vorliegende Schrift zu verfassen.

1. Die religiöse Unterdrückung in Schlesien und ihr Ende

Seit dem dreißigjährigen Krieg waren die protestantischen Gemeinden in Schlesien in höchster Not. Im Zuge der Gegenreformation wurden die evangelischen Kirchen bis auf wenige von den Jesuiten besetzt und übernommen. Die Geistlichen wurden ihrer Ämter enthoben und evangelische Einrichtungen entfernt und entwendet.[5]

---

3 Siehe hierzu vor allem: Aderhold, Stephan, Chronologische Musikgeschichte der evangelischen Gemeinde in der Friedenskirche zu Schweidnitz unter Berücksichtigung der Entwicklung ihres Kirchenarchivs, Schweidnitz, 2015, S. 141 ff.

4 Wikipedia: Georg August Kunowski

5 Berg, J., Die Geschichte der gewaltsamen Wegnahme der evangelischen Kirchen und Kirchengüter in den Fürstenthümern

Nach dem Westfälischen Frieden gestand man der protestantischen Bevölkerung die Errichtung von nur drei Bethäusern mit jeweils höchstens drei Geistlichen zu. Eins davon sollte in Schweidnitz entstehen. 1752 wurde der Bau im Fachwerkstil errichtet und der Gemeinde übergeben, die für ihre Gottesdienste hier bis zu 7500 Plätzen einnehmen konnte.
Doch auch in der Folgezeit hielt die Unterdrückung der protestantischen Bevölkerung und ihre Behinderung in der Ausübung ihres Glaubens an. Noch während der Habsburger Monarchie unter K a r l VI. waren über zehntausend unterdrückte Protestanten aus dem Salzburger Land vertrieben und in Preußen zur Zeit der Regentschaft von F r i e d r i c h W i l h e l m I. aufgenommen worden. Auch in Böhmen wurde die protestantische Bevölkerung seit dem dreißigjährigen Krieg unterdrückt. Erst mit dem Toleranzedikt von 1781 wurde dieser Zustand beendet.

Kronprinz F r i e d r i c h war ein erklärter Gegner jeder Art von Bevormundung oder Unterdrückung unter religiösen Vorzeichen. Er erlebte die kirchliche Intoleranz sogar innerhalb der protestantischen Kirche durch die pietistische Bewegung, die die einsetzende Aufklärung in der Theologie mit allen Mitteln bekämpfte. Auch sein Vater stand bis zu seinem Lebensende unter dem Einfluss einiger namhafter Pietisten aus Halle. Seit seinem Amtsantritt im September 1740 sagte F r i e d r i c h II. der religiösen Intoleranz den Kampf an. Unter seiner Regentschaft war ihm die freie Religionsausübung aller Konfessionen ein wichtiges Anliegen. Unmittelbar hinter den Grenzen Preußens lebten im Einflussbereich der Habsburger Regierung Intoleranz und Unterdrückung fort, auch in weiten Teilen Schlesiens, wo die evangelische Bevölkerung deutlich in der Überzahl war.

Sechs Wochen nach der Inthronisierung F r i e d r i c h s II. starb der Habsburger Monarch K a r l VI., der, obwohl als

---

Schweidnitz und Jauer während des siebzehnten Jahrhunderts, Breslau 1854

tolerant geltend, gegen die vom Papst in Rom gesteuerten Unterdrückungsmaßnahmen der katholischen Kirche gegenüber der protestantischen Bevölkerung nichts entgegensetzte. Nach seinem Tod übernahm dessen Tochter Maria Theresia die Regierungsgeschäfte. Durch diese überraschende Änderung der bestehenden Machtverhältnisse bot sich Preußen unter Friedrich II. eine willkommene Gelegenheit zur Ausdehnung des bestehenden Machtbereichs nach Schlesien. Der Monarch, kaum ein halbes Jahr im Amt, nutzte die Gunst der Stunde zur Mobilmachung eines Teils der preußischen Armee und marschierte noch im Dezember desselben Jahres 1740 in Schlesien ein. Begründet wurde diese Maßnahme offiziell durch bestehende Ansprüche aus dem Erbfolgevertrag zwischen dem brandenburgischen Kurfürsten Joachim II. und dem schlesischen Herzog Friedrich aus dem Jahre 1537. Der preußische Monarch setzte damit neue politische Zeichen, denn sein Vater, der Soldatenkönig, hatte während seiner Amtszeit vermieden, sich in kriegerische Auseinandersetzungen einzulassen, und hatte seinem Amtsnachfolger in seinem Politischen Testament vom Jahre 1722[6] die Ermahnung mit auf den Weg gegeben, er solle, wenn überhaupt, nur einen gerechten Krieg zu führen, worin sich Friedrich II. in seinem Vorhaben auch bestätigt fühlte. Denn sein Einmarsch in Schlesien erfolgte ausschließlich mit dem Ziel, die Erbansprüche seines Hauses auf das Herzogtum Schlesien, wenn nötig, auch mit Waffengewalt durchsetzen und damit seinen Einflussbereich auf dieses Gebiet auszudehnen. Sich in religiöse Auseinandersetzungen hereinziehen zu lassen oder bestehende Einrichtungen anderer Konfessionen anzutasten, stand dagegen nicht in seiner Absicht.
In Schlesien angekommen, gewann der König jedoch sehr schnell einen Eindruck über die bedauerlichen Verhältnisse, unter denen die protestantische Bevölkerung in der Ausübung ihrer religiösen Gepflogenheiten litt. So wurde er gewahr, dass in den Gemeinden, wo Protestantischen deutlich in der

6 Friedrich Wilhelm I., Politisches Testament (des „Soldatenkönigs") vom 17. Februar 1722

Überzahl waren, diese dort dennoch ohne Kirche, Geistliche, Schulen und Gottesdienst lebten. Eine Ausnahme bildeten die drei Friedenskirchen in Glogau, Jauer und Schweidnitz, die seit dem westfälischen Frieden als schlichte Bethäuser der protestantischen Bevölkerung zugestanden wurden. Von diesen aus war allerdings keine ausreichende gottesdienstliche Versorgung in der Fläche möglich.

Mit Erleichterung und Freude wurde der Vormarsch der preußischen Truppen bei den protestantischen Schlesiern aufgenommen. Um in Schlesien schnell Fuß zu fassen und die Bevölkerung insgesamt für sich zu gewinnen, war der preußische Monarch nicht nur darum bemüht, den Protestanten zu ihren Rechten zu verhelfen, sondern auch der katholischen Bevölkerung eine gleiche Behandlung ohne Beschränkung ihrer bisherigen Verhältnisse zuzusichern.

Das Ziel seiner Bemühungen war friedliches Zusammenleben aller religiöser Konfessionen wie im preußischen Kernland. Er gestand der unterdrückten Mehrheit zu, auf ihr eindringliches und anhaltendes Bitten Bethäuser zu bauen und Geistliche zu berufen. So entstanden während des Jahres 1742 und bald darauf 206 dieser Bethäuser ohne Glockenturm, von denen 122 auf die am meisten bedürftigen Fürstentümer Schweidnitz und Jauer entfielen.[7] Den bis dahin unterdrückten reformierten Protestanten gestattete F r i e d r i c h II. die Erbauung zweier Kirchen in Glogau und Breslau. Sehr bald wurde deutlich, dass es nicht nur an evangelischen Gotteshäusern mangelte. Infolge der religiösen Unterdrückung fehlte es vor allem an Geistlichen in ausreichender Zahl. Nur wenige ausgebildete Pfarrer ließen sich in Schlesien für die ab sofort wieder zulässigen Gottesdienste rekrutieren.
In dieser Not erklärte F r i e d r i c h II. seine Bereitschaft, entsprechendes Kirchen-Personal als Soforthilfe aus dem

7 Goguel, Eduard, Geschichtliche Denkschrift betreffend die evangelische Kirche 'Zur heiligen Dreifaltigkeit' vor Schweidnitz, Schweidnitz, 1852, S. 36

preußischen Kernland zur Verfügung zu stellen. Durch entsprechende Order beauftragte er den Berliner Propst Johann Gustav R e i n b e c k, der in religiösen Fragen dem Königshaus bereits zu Zeiten der Regentschaft seines Vaters gedient hatte und zugleich Friedrichs besonderes Vertrauen genoss[8], durch königliche Order die Aufgabe, möglichst umgehend evangelische Geistliche in angemessener Anzahl nach Schlesien abzuordnen. R e i n b e c k, der als erster Prediger in der St. Petrikirche nahe dem Königlichen Schloss in Berlin tätig war, oblag von Amts wegen die Zuständigkeit für die Rekrutierung geeigneter Geistlicher für die preußischen Pfarreien.

2. Preußische Pfarrer für Schlesien

In Abstimmung mit dem König wurden zunächst zwölf Geistliche für eine Abordnung nach Schlesien bestimmt, die der Berliner Probst R e i n b e c k innerhalb kürzester Zeit vor allem aus dem Kreise der jungen Pfarrer für diese Aufgabe gewinnen konnte[9]. Bereits am 2. Epiphanias-Sonntag, dem 16. Januar 1741, wurden sie von ihm für das Predigtamt geweiht. Unmittelbar darauf beorderte R e i n b e c k sie nach Schlesien und meldete dem König noch am selben Tage durch ein Schreiben den Vollzug der Order, worauf der König ihm unverzüglich antwortete:
„Würdiger, lieber Getreuer. Es ist Mir lieb gewesen, aus eurem Schreiben vom 16ten (Januar 1741) dieses zu ersehen, daß ihr die 12 Candidaten nach der Schlesien gesandt, und zweifle Ich nicht, ihr werdet solche an des Generallieutenant Prinz Leopold L i e b d e n bei Glogau adressiret haben. Die 200 Thaler, welche zu den Reisekosten erfordert worden, werdet ihr allem Vermuthen nach erhalten haben, und werde Ich übrigens diese Leute hier emploiren.

---

8 Kunowski, Harald, Friedrich Wilhelm I. Friedrich der Große und der Berliner Probst Johann Gustav Reinbeck, Baden-Baden, 2016, S. 354

9 Kunowski Familien-Nachrichten, 1. Quartal 1932, S. 2

Ich bin

Ew. wohlaffectionirter König F r i e d r i c h

Haupt-Quartier Ottmachow, den 23. Jan. 1741."[10]

Diese als "zwölf schlesische Apostel" bezeichneten Geistlichen wurden von Dessau nach Rauschwitz bei Glogau beordert. Hier ließ Leopold von Dessau als Zuständiger für das aus Halle verlegte Regiment die Prediger die Ihnen zugeordneten Gemeinden im Losverfahren feststellen.

Auf diese Weise wurden folgende Zuordnungen ermittelt:

„1. Herr M(agister) George Siegmund K u n o w s k i nach Beuthen, einer Stadt im glogauischen Fürstenthum von Carolath. 2. M. Johann Friedrich Frisch nach Grünberg, einer königlichen Stadt im glogauischen Fürstenthum 3. Gottlieb Weinrich nach Sprottau, einer Stadt auch dahin gehörig. 4. Nikolaus Scholze nach Polkwitz, einer Stadt im Glogauschen. 5. Justus Andreas Gräntzel nach Neustädtel, einer Stadt auch dahin gehörig. 6. M. Heinrich Otto Kegel nach Primkenau, einem Städtlein, dem Herrn Grafen von Reder Excellenz zuständig. 7. Carl Wilhelm Thiele nach Quaritz, einem Marktflecken in dem Glogauischen 8. Johann Gottlieb Pitschky nach Schönau, einem Dorfe in dem Glogauischen, dem Grafen von Chorschwand. 9. Samuel Benedikt Chorstedt (muß heißen Carstedt) (1724-1806) nach Gramschütz, einem Dorfe im Glogauischen, dem Herrn von Loos gehörig. (Er war der Sohn[11] des von F r i e d r i c h W i l h e l m I. eingesetzten Feldprobsts und -predigers Johann Caspar Carstedt),10. Johann Heinrich Prasen (Prasuhn) nach Bruste (Bruslow), einem nahe an Glogau liegenden Orte, wo die Glogauer in alten Zeiten 1570 ihre Kirche hatten, ehe sie in Glogau Gottesdienst halten durften, 11. Johann Siegmund Steinbart, nach Zerbe, einem Dorfe nahe an der Stadt Glogau ohnweit des Doms und 12. M.

10 Büsching, Anton, Beyträge zur Lebensgeschichte denkwürdiger Personen, Halle, 1785, S. 226

11 Rolf Straubel, Biographisches Handbuch der preußischen Verwaltungs- und Justizbeamten, 1740 - 1806/15, Bd. 85, S. 907

Ernst Carl Wigand nach NN."[12]

Am 21.01.1741 waren die 12 Kandidaten in Rauschwitz designiert worden. Da aber niemand ohne ordentlichen Beruf das Predigtamt führen sollte, so mussten auch diese neuen schlesischen apostolischen Lehrer mit sog. Vokation und Instruktion versehen werden. Statt einer königlichen Vokation wurde die entsprechende Order im Auftrage des Königs von Leopold von A n h a l t - Dessau wie folgt erteilt:

„Auf seiner königlichen Majestät in Preußen allergnädigsten Befehl soll der Prediger K u n o w s k y zu Beuthen an der Oder und in den da herum liegenden Dörfern in grossen Sälen oder Gemächern den Gottesdienst halten und alle actus ministeriales verrichten, übrigens aber den Catholischen keinen Eingriff tun. Wörnach sich ein jeder, wes Standes er sey, zu achten.

Gegeben im Hauptquartier Rauschwitz bei Glogau dem 23. Januar 1741 Seiner Kön. Maj. in Preußen General-Lieutenant und Commandeur des 2ten Corps der Armee von Glogau.

Leopold von A n h a l t." [13]

Die 12 Apostel wurden am 16. Februar 1741 ordiniert und unmittelbar danach auf die schlesischen Gemeinden verteilt. Die dortige Bevölkerung bereitete ihren neuen Pfarrern einen

12 Johann Adam Hensels, Predigers bey der evangelischen Gemeine zu Neudorf am Grätzberge, Protestantische Kirchen-Geschichte der Gemeinen in Schlesien. Nach allen Fürstenthümern vornehmsten Städten und Örtern dieses Landes, und zwar vom Anfange der Bekehrung zum christlichen Glauben vor und nach Hußi, Lutheri und Cavini bis auf das gegenwärtige 1768ste Jahr. Nebst einem vollständigen Verzeichnis aller itzt lebenden Geistlichen bey den evangelischen Kirchen, in acht Abschnitten abgefasset und mit einer Vorrede versehen von Friedrich Eberhard Rambach, Königlich Preußischem Ober-Consistorialrath und Inspector der Kirchen und Schulen in Schlesien, Liegnitz und Leipzig 1768, S. 704. Einige Namen sind offensichtlich falsch wiedergegeben, Vgl. auch Büsching, Lebensgeschichte, S. 227

13 Büsching, Anton Friedrich. Beyträge zu der Lebensgeschichte denkwürdiger Personen, insonderheit gelehrter Männer, Johann Gustav Reinbeck, Halle 1785, S. 226

begeisterten Empfang, wie nachfolgende Beispiele belegen:
Der erstnominierte, Kunowski, wandte sich nach Beuthen gemäß seines Befehls. Der Glogauer Landbote berichtete: „Beuthen hatte das Glück mit der Los Nr. 1 den Prediger George Sigismund Kunowski aus Blindow in der Uckermark zu erhalten.“[14] Bereits sein Vater Samuel (in Blindow) sowie Sigismunds Brüder Samuel Christian, Gotthilf David (in Fiddichow) und Daniel Gottfried Kunowski (in Zirchow) waren in der Uckermark als Pastoren tätig.[15]
Nach der Eroberung von Beuthen durch die Preußen fiel Georg Sigismund Kunowski als erstem die Rolle des Pastors in diesem neu errichteten Kirchsprengel zu. Am Sonntag Septuagesimae (70 Tage bzw. 10 Wochen) vor Ostern 1741 wurde nach 87-jähriger Pause der erste evangelische Gottesdienst in Ermangelung eines eigenen Gotteshauses vor dem Rathaus abgehalten, wobei der neue Pastor vom Balkon des Hauses über das Gleichnis der Arbeiter im Weinberge predigte, wie er auch nachmittags das erste Kinderexamen hielt. Fünf Jahre lang diente diese Stätte anstelle eines Gotteshauses der Abhaltung von Gottesdiensten.
In der Zwischenzeit wurde die Baugenehmigung für eine kirchliche Versammlungsstätte erteilt und 1744 mit dem Bau begonnen. Der Fürst Hans Karl von Schönaich zu Carolath-Beuthen überließ als Patron der Gemeinde den Platz und die Fundamente des 1694 niedergebrannten Gymnasiums als Baustelle. Darüber hinaus schenkte er ihr alles dazu gehörige Bauholz und Steinmaterial. Schönaich selbst war protestantischen Glaubens. Wegen seiner treuen Dienste hatte Friedrich II. ihn bereits im Jahr des Einmarschs 1741in Schlesien in den Fürstenstand erhoben.
Die zu errichtende Kirche durfte weder Glocken noch Turm erhalten. Sie führte den Namen Bethaus. Nach zwei Jahren konnte die Kirche am 27.11.1746 durch den Konsistorialrat Georg Löben aus Glogau geweiht werden. Seit dieser Zeit

14 Schiller, Adolf, Geschichte der Stadt Beuthen, Neuer Glogauer Anzeiger Nr. 6, 2006
15 Genealogische Aufzeichnungen der Familie (von) Kunowski

lebten die Anhänger beider Konfessionen in Beuthen friedlich nebeneinander und ehrten das Bekenntnis der Gegenseite. Turm und Glocken erhielt die evangelische Kirche im Jahre 1861.
Georg Sigismund K u n o w s k i erteilte dem Erbprinzen von S c h ö n a i c h – C a r o l a t h, Heinrich Carl Erdmann (geb. 3. Nov. 1759, dem Enkel von Hans Karl) ab Mitte der sechziger Jahre privaten Unterricht. Angeregt durch seine Dienste in dem Fürstenhaus hat er sich zu der Herausgabe eines Buchs über den lexikalischen Katechismus entschlossen und im Jahre 1775 mit einer Widmung an den Fürsten des Hauses Carolath versehen.[16] Das Pfarramt in Beuthen hat er bis zu seinem Tode am 2.09.1783 bekleidet.

Im Jahre 1753 heiratete K u n o w s k i Dorothea Elisabeth K e n k e l, geb. am 18.07.1729 in Bagemühl, gest. am 18.04.1800 in Bielwiese bei Parchwitz. Sie war die 2. Tochter des Pfarrers Wilhelm K e n k e l, Pfarrer in Bagemühl, Woddow, Battin bei Grünberg/ Uckermark und seiner Frau Charlotte Sidona D a u m. Ihre Schwester Luise K e n k e l war verheiratet mit Sigismund Kunowskis Bruder Samuel Christian.

Nach vier Jahren Ehe wurde ihr Kinderwunsch mit der Geburt des ersten Sohnes erfüllt:

3. G. A. Kunowski – Jugend und Abstammung

Georg August K u n o w s k i wurde am 25.06.1757 als ältester Sohn von Georg Sigismund K. und seiner Frau Dorothea Elisabeth K e n k e l in Beuthen an der Oder geboren. Er wuchs in seinem Elternhaus in Beuthen auf und wurde von seinem Vater in den sog. klassischen Sprachen unterrichtet. Die Ausbildung absolvierte er mit gutem Erfolg,

16 Kunowski, Georg Sigismund, Lexicalischer Kathechismus, denen Schulen und besonders der Jugend von guter Erziehung beyderley Geschlechts gewidmet, Berlin 1775

Sigismund Kunowski Dorothea Kenkel

so dass er auf das Joachimsthaler Gymnasium in Berlin überwechseln konnte und dort die Reifeprüfung nach einjährigem Besuch der „Selekta“ mit Auszeichnung bestand. Der dort amtierende Direktor Johann Heinrich Ludwig M e i e r o t t o erklärte ihn, so überliefern es die Familiennachrichten, zu einem seiner besten Schüler. Anschließend studierte er in Halle Theologie und absolvierte nach 3 Jahren sein Examen. Danach betätigte er sich als Hauslehrer mit unterschiedlichen Aufgaben.

Georg August K u n o w s k i hatte zwei Geschwister:
- Sein Bruder Georg F r i e d r i c h wurde 1758, ein Jahr nach ihm, geboren. Dieser studierte Jura und war im Kriegsministerium in Berlin als Kriegsrat tätig. Er war verheiratet mit der Enkelin des Berliner Pfarrers Johann Gustav R e i n b e c k , der Sigismund K u n o w s k i, den Vater der beiden Brüder, als Pfarrer nach Schlesien abgeordnet hatte. Georg Augusts Bruder Friedrich K u n o w s k i hatte beim König beantragt, den polnischen Adelstitel in der Familie führen zu dürfen. Dies stieß jedoch bei den preußischen Behörden auf rechtliche und praktische Bedenken. Stattdessen

wurde den Nachkommen von Georg August und Georg Friedrich der preußische Adelstitel verliehen. Ein Familienzweig seines ältesten Sohns Georg Karl Friedrich blieb dabei unberücksichtigt, weil die Verleihung wegen Todes des Titelempfängers und aufgrund der Minderjährigkeit des nachfolgenden Familienmitglieds nicht möglich war.
- Seine Schwester S o p h i e Wilhelmine Helene wurde am 26.10.1766 in Beuthen geboren. Sie heiratete 18-jährig Johann Gottlieb M e i s s n e r (geb, 8.04.1759, gest. 16.03.1806), Pastor in Bielwiese, danach Superintendent des Parchwitzer Kreises. Als Georg August K u n o w s k i, sein Schwager, als Pastor Primarius 1796 an die Friedenskirche nach Schweidnitz ging, zählte Bielwiese zu dessen Sprengel. 1802 gehörte M e i s s n e r zu den lutheraner Geistlichen, die bei der 150-Jahresfeier der Friedenskirche in Schweidnitz die geladenenen Honoratioren empfingen.
M e i s s n e r veröffentlichte u.a. zwei Schriften, ein geographisches Werk über Schlesien, das vor allem in Schulen genutzt wurde, und ein Buch mit dem Titel „Menschenkenntnis", das ihm 1785 den Weg zu Immanuel K a n t öffnete.[17]

Die Familie des Georg August K u n o w s k i entstammt dem polnischen Uradel N a ł ę c z. Als erster urkundlich festgestellter Träger des Wappens Nałęcz wird der polnische Fürst Nałęcz aus Czlopa (Schloppe) genannt, der das weite Land zwischen Drawa, Gwda und Noteć regierte[18]. Die Geschichtsforscher berichten, der Fürst D z i e r z y k r a j sei mit der Einführung des Christentums in Polen im Jahre 966 zum Christen konvertiert und von M i e c z y s l a w I. getauft worden. Damit verbunden war zugleich die Adelsverleihung,

17 https://www.online.uni-marburg.de/kant_old/webseitn/ka_lek02.htm
18 Eintragung unter der Rubrik "Geschichte" der Stadt Schloppe, http://www.czlopa.pl/index.php?c=page&id=11. Dieser Dzierżykraj sollte um das Jahr 1000 dank des polnischen Herrschers Bolesław der Tapfere getauft worden sein, um auf den Titel und die Position eines unabhängigen Prinzen zu verzichten und zum ersten Woiwoden von Posen ernannt zu werden.

anlässlich derer B o l e s l a w I., der Tapfere, Vater von Mieczyslaw bzw. M i e s k o I. (931- 992) ihm ein gebundenes Tuch als Adelssymbol überlassen habe[19]. Dieses Tuch stellt ein sog. Nalonia dar, mit dem Christus nach der Kreuzabnahme bedeckt worden sein soll. Im Wappen findet sich dieses Motiv als weißer geschlossener Schal auf rotem Grund.

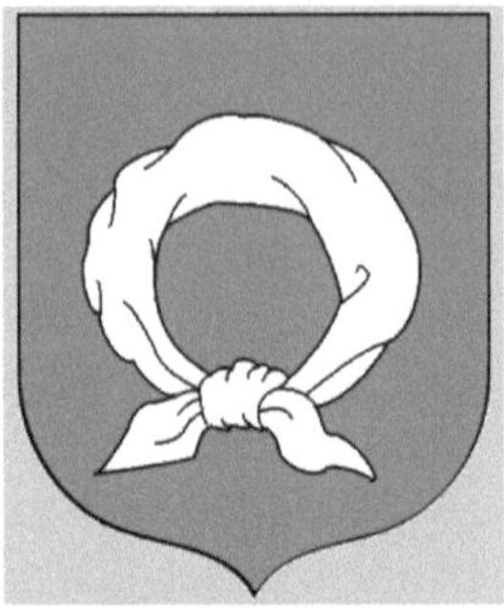

Wappen Nałęcz

Wappen Nałęcz mit Schwertarm

Die Gemeinden Ostrorog, Szamothul und Czarnkow, nordwestlich von Posen gelegen, bildeten über Jahrhunderte hin Machtzentren der nachfolgenden Generationen. Bis zum heutigen Tage ist das Wappen Nałęcz in den jeweiligen Stadtbildern zu erkennen, sei es in Ortseingangsschildern oder auf Marktplätzen.

Die Güter wurden unter der späteren Nałęcz-Nachkommenschaft weiter geteilt. Ein Familienzweig erhielt einen Teil der Güter im Westen und Süden des Slawianowski-Sees und siedelte sich im 14. Jahrhundert in der Gemeinde Kunowo am Südufer des Sees an.

Im 15. Jahrhundert begann man in Polen Nachnamen

19 Vgl. Polish roots und Kaspar Niesiecki , Polnisches Wappenbuch, Bd. I,
Leipzig 1846, S. 131

einzuführen, die einen Hinweis auf eine Ortschaft, eine Sippe, einen Stand oder eine historische Besonderheit mit den Schlussilben wski, ski, oder cki beinhalten. Der in Kunowo angesiedelte Familienstamm nahm den Namen Kunowski mit dem Zusatz „herbu Nałęcz“ an, im Unterschied zu Kunowskis, die aus anderen Gemeinden namens Kunowo oder Kunow und ggf. einer anderen Adelsfamilie stammten.
Als erster Ahn trug diesen Namen Myslimir K u n o w s k i (polnisch: mysli = Gedanke, mir = Friede), vorher Myslimir aus Kunowo. Die Familie wechselte später zum protestantischen Glauben über. Prominenter Vertreter war Georg Augusts Urgroßvater Jan K u n o w s k i, der als Reformator im Zuge der Gegenreformation in Polen unter ungeklärten Umständen unter der Vorherrschaft der Jesuiten ermordet wurde. Seine Witwe floh (möglicherweise wurde sie auch vertrieben) mit ihrem Sohn S a m u e l I. nach Prenzlau und wurde dort vom Pfarrer S ü r i n g von der St. Sabinenkirche aufgenommen. Sein Sohn S a m u e l II. setzte die Tradition der evangelischen Pfarrer in Deutschland fort und gab diese Berufung an drei seiner vier Söhne, darunter Georg Augusts Vater Sigismund weiter. 1683 nahm die Familie K u n o w s k i, die im Königreich Polen Litauen lebte, das Nalecz-Wappen mit dem Schwertarm (siehe Abb. S. 14) an, das die Nachkommen bis zum heutigen Tage weiterführen.

4. Pfarrer in Beuthen

Lt. Familiennachrichten der Familie Kunowski „wanderte Georg August sechsundzwanzigjährig im Herbst 1783 während seiner Ferien fröhlich durch den schönen Sommertag und kam am 4. September bei der Fähre in Beuthen a.O. an. Da tönte Glockengeläut vom jenseitigen Ostufer, wo die Stadt lag. Er fragte den Fergen nach dem Grunde dieses Läutens und musste zu seinem großen Schmerze hören, dass dieses seinem Vater galt, der gestorben sei. Nun eilte er zur Kirche und erlebte dort, wie man bereits Vorbereitungen zu seiner Beisetzung traf.
Spontan erbat er sich die Erlaubnis, seinen Vater beerdigen zu dürfen. Er hielt aus dem Stegreif eine höchst beeindruckende

Predigt vor der Beuthener Gemeinde in dem dicht besetzten Gotteshaus. Die Bürger waren sich schnell darüber einig, K u n o w s k i als künftigen Pfarrer für ihre Gemeinde gewinnen zu wollen und damit zum Nachfolger seines Vaters zu wählen. Er zögerte jedoch, weil er dem bisherigen Secundus den Vorrang überlassen wollte Da sich jedoch der 62 Jahre alte Ludwig H e i l i g dem Wunsch der Gemeinde anschloss und auf das Pfarramt verzichtete, nahm Georg August Kunowski die Wahl an und wurde am 2.04.1784 ordiniert. Über die Persönlichkeit Kunowskis ist in den Familienaufzeichnungen vermerkt: „Er hatte ein heftig aufbrausendes Temperament, dabei aber ein tiefes edles Gemüt, Kraft und Energie, sowie feine gesellige Formen. Leutselig gegen niedere, Höheren achtungsvoll, aber mit Selbstbewusstsein gegenübertretend, wurde er in aller Kreisen geachtet und geschätzt."

Nach der Aufnahme seiner Tätigkeit als Beuthener Pfarrer galt seine erste Sorge der Instandsetzung der Kirche, die nach über vierzig Jahren recht baufällig war. Es gelang ihm, wohlhabende Gemeindemitglieder für eine umfassende Renovierung zu gewinnen und dieses Vorhaben innerhalb kurzer Zeit in die Tat umzusetzen. Nicht nur im beruflichen sondern auch in seinem persönliches Umfeld versuchte er, die Dinge voranzutreiben. Er unterhielt vielfältige Kontakte, u.a. zu dem damaligen Stadtapotheker und Senator H e n r i c i, in dessen älteste Tochter Johanna Christine Charlotte er sich nach kurzer Zeit verliebte. Er heiratete sie bereits im ersten Jahr seiner Anstellung am 1. Feb.1785 und führte mit ihr eine sehr glückliche Ehe. Sie hatten zusammen neun Kinder: Als erstes Kind wurde 1786 Georg Karl Friedrich[20], späterer Justizrat in Berlin, geboren. 1789 folgte eine Tochter namens Henriette. Drei weitere Nachkommen starben im frühen Kindalter. Das 6. Kind Georg Eduard, geb. 1795, wurde in seinem späteren Leben General der preußischen Infanterie. Es folgten Charlotte Emilie Auguste, und Georg Adolf Carl im Jahre 1800. Der letztere wurde am 23. März 1828 zum Syndikus der Stadt Schweidnitz gewählt und starb dort 42jährig. Georg Moritz,

---

20 https://de.wikipedia.org/wiki/Georg_Carl_Friedrich_Kunowski

das neunte Kind, Jahrgang 1802, war Jurist und zuletzt Direktor des Kreisgerichts in Frankfurt/O.

Im Jahre 1786 starb der König von Preußen, F r i e d r i c h II. Trotz des mit hohen Verlusten verbundenen siebenjährigen Krieges verehrten ihn vor allem die protestantischen Schlesier, denn er hatte sie von der fast hundert Jahre andauernden religiösen Unterdrückung befreit. Nicht nur im preußischen Kernland wurde der verstorbene Monarch mit vielen Trauerreden und Predigten geehrt. In den protestantischen Gemeinden Schlesiens wurden zahlreiche Gedenkgottesdienste zu Ehren F r i e d r i c h II. abgehalten.

In Beuthen hielt G.A. K u n o w s k i am 22. Sept. 1786 eine Predigt auf den verstorbenen Monarchen.[21] In ihr äußerte er die Dankbarkeit für all das, was der Monarch für Schlesien getan hatte: „Weine tiefgebeugt an Seinem Grabe, du, mein geliebtes Vaterland, dem er die größte der Wohlthaten, die freie Religions-Ausübung gab. Lange seufzten Schlesiens Bewohner unter dem empfindlichen Drucke des Religionszwanges. Lange sehnten sich, - aber vergebens, zahlreiche Gemeinen, und selbst die Unsrige nach eigenen Kirchen, wo sie zwanglos ihrem Schöpfer dienen, worin sie sich gemeinschaftlich erbauen, getröstet und für den Himmel weise werden könnten. Endlich kam die längst herbeigesehnte Zeit: Mit siegreicher Hand zog Friedrich herbei, und sein erster Schritt ins Land war mit Wohltun bezeichnet. Da segneten Jünglinge und Greise den wohltätigen König, als sie das erfüllt sahen, was sie kaum für die fernste Zukunft zu hoffen gewagt hatten. Da ward mit Thränen des Danks und der Freude auch dies Gotteshaus erbauet, dies Haus, geliebte Freunde, in dem ihr schon so manchen Unterricht fürs bessere Leben, so manchen Trost in Bekümmernissen, so manche entzückende Aussicht in die

21 Kunowski, Georg August, Gedächtnispredigt auf das Absterben Friedrichs des Großen, gehalten am 17. Sept. 1786, und zum Besten der Kirche dem Druck übergeben. Von G.A. Kunowski, evangel. Prediger zu Beuthen in Niederschlesien, Glogau, 1786

Zukunft erhieltet. Oh, möchtet ihr es nie vergessen, dass es das wohltätige Geschenk des besten Königs war."[22]

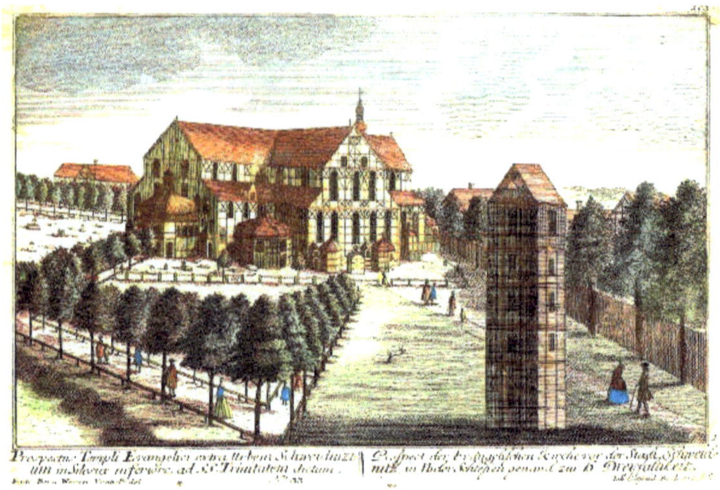

5. Pfarrer in Schweidnitz.

5.1. Berufung zum Pastor Primarius

Bei der Neubesetzung des Amts des Pastor Primarius an der Friedenskirche in Schweidnitz im Jahre 1796 weiß Pfarrer S e i d e l folgendes über deren Ablauf zu berichten:[23]
„An der Nordseite des Friedenskirchhofes liegt der 'Tiedesche Schlummerhain'. Johann Friedrich T i e d e, bisher Feldprediger in Anhalt-Bernburg, kam 1774 nach Schweidnitz und war hier bis zu seinem Tode 1795 Pastor Primarius, zugleich Oberkonsistorialrat und Kreisinspektor. Einen Ruf nach auswärts hatte er während seines Pastorats ausgeschlagen.

---

22 Kunowski Georg August, Predigt auf das Absterben...., a.a.O., S. 29 ff.

23 Beilage zum Evangelischen Kirchenblatt (Unsere Kirche) Nr. 6, 6. August 1939, 9. Sonntag nach Trinitatis

Dafür schenkte die dankbare Gemeinde ihm und seiner Familie die Ruhestädte, die noch heute zu den besonderen Sehenswürdigkeiten des Kirchhofes gehört. Vor einem Tempelchen umgibt ein ovales Gitter die Grabsteine. T i e d e war ein hervorragend tüchtiger Geistlicher und ein sehr geschätzter Kanzelredner. Als er am 19. Oktober 1795 starb, konnte für die Besetzung der freigewordenen Pfarrstelle nur ein mit besonderen Gaben ausgestatteter Geistlicher in Frage kommen.

Schon wenige Tage nach seinem Tode erhielten die Kirchenvorsteher von der Ober-Kirchenbehörde den Auftrag, ihr Augenmerk nur auf ein solches "Subjekt" pflichtmäßig zu richten, wodurch der große Verlust ersetzt werde. Sehr bald, noch im selben Monat, gingen dann auch die Bewerbungsgesuche ein, u.a. von Johann Gottlob P o h l e , zuletzt Pastor der Stadt und Grafschaft Glatz. Er war kein unbeschriebenes Blatt. Von ihm stammen einige Veröffentlichungen, darunter Gedichte und Aufsätze sowie eine Kindheitsbeschreibung. Ferner bewarben sich der Königliche Kreisinspektor und Senior in Ohlau, M o h a u p t, und der als sehr beredsam geltende, seit 1792 im Amt befindliche Feldprediger des Cuirassier-Regiments von Mannstein, Johann Gottfried K r a u t w a d e l aus Oppeln, von denen der letztere eine Aufforderung zu einer Gast-Predigt erhielt. Er befand sich zu der Zeit im 36. Lebensjahr, starb aber bereits 1811 im Alter von 50 Jahren.
Von den Geistlichen der Friedenskirche wurde Archidiaconus L e h n m a n n, Schwiegersohn des verstorbenen Johann Friedrich T i e d e, für die Primariatswahl aufgestellt. Er hatte der Kirche seit 1774 als Diakon gedient und hätte in die Position der ersten Pfarrers nachrücken können, wenn sich die ausreichende Stimmenzahl für ihn ergeben hätte. Als weiterer möglicher Kandidat schied der dienstälteste Diakon und Senior Carl Gottlob L e u c h s e n r i n g „wegen zunehmenden Alters und zeitheriger Kränklichkeit und geschwächtem Körperzustand" aus. Im Übrigen sahen sich die Kirchenvorsteher nach geeigneten Männern geflissentlich um. Man

hatte sich einige Geistliche an Ort und Stelle angehört, und inzwischen drängte die Kirchenbehörde auf Beschleunigung der Wahl. Man schrieb nach Breslau: „Je glücklicher unser verstorbener Primarius T i e d e Eigenschaften eines guten gemeinnützigen Kanzelredners in sich vereinigt hatte, desto schwerer fühlen wir die Obliegenheit, seine Stelle nach dem Wunsche unser Herrschaft würdig wieder zu besetzen." Bei den Kirchenvorstehern selbst aber ließ der Vorsitzende des Kirchenkollegiums folgendes Rundschreiben im Januar 1796 herumgehen: „Da die übrigen würdigen Mitglieder des Kollegiums, welche sich der Bemühung gütigst unterzogen, Herrn Johann Gotthard Augustin L e t s c h, Primarius und Senior des Ministeriums in Hirschberg, und den Herrn Pastor S c h w a r t s in Prausnitz zu hören, einmütig versichern, dass diese sonst sehr verdienten und allgemein verehrten Männer unserer Kirchengemeinde zugetan sein dürften, und dann ein gewisser Pastor K u n o w s k i zu Beuthen an der Oder als ein geschickter redlicher Mann angerühmt wird, welcher sich auch zu einer Gast-Predigt gern verstehen würde, so habe er sich bei einem Kirchen-Kollegium ergebenst anfragen wollen, ob diesem mir erst bekannt gewordenen Subjecto eine Gastpredigt allenfalls auf den Sonntag Estomihi angetragen werden könne und solle?" Und nun ging das Rundschreiben bei den Herren Kirchenvorstehern herum und einer nach dem anderen gab seine Erklärung ab.

An zwei Sonntagen wurde der Gemeinde durch Kanzel-Abkündigung die bevorstehende Wahl bekanntgegeben. Sie fand am 3. März 1796 in altherkömmlicher Weise statt. Die Vorsteher und Deputierten begaben sich nach beendetem Wochengottesdienst um 9 Uhr in die von den Einheimischen und Fremden zahlreich gefüllte Kirche. Der Obervorsteher eröffnete die Wahl mit einer Rede über die Größe des Verlustes, den unsere Kirche und die zu ihr sich haltenden Gemeinden durch den frühen Tod des Primarius T i e d e erlitten hatte, und über die zur Wahl stehenden drei Kandidaten, Archidiaconus L e h n m a n n von hier, Feldprediger K r a u t w a d e l und Pastor K u n o w s k i. Sodann wurden zwei Deputierte zum Rathaus zur Abholung des als Stadt Obrigkeit zum

Wahlkommissar ernannten Rathmanns und Kämmerers N e u m a n n entsandt. Als der Wahlkommissar eingetroffen war, wurde auch der mit einer Rede begrüßt, in der es unter anderem heißt: „Hier, vor den Augen des Allwissenden, legen wir Ihnen, Herr Ratskommissarius, die Versicherung ab, dass wir eben so unbefangen wie bei der vorhergehenden Beschließung der in die Wahl zu nehmenden Subjekte auch nunmehr diese engere Wahl vornehmen werden."

Hierauf wurde nach dem Gesang des Liedes „Komm, heiliger Geist, Herre Gott" zur Wahl geschritten. Es waren die Namen der drei Wahlkandidaten von dem Oberglöckner auf drei besondere Zettel für jedes Membrum Collegii (Mitglied des Kollegiums) geschrieben und auf eines jeden Platz hingelegt worden. Jeder Wählende legte demnach den mit dem Namen versehenen Zettel, welchem er seine Stimme nach seinem Gewissen zu geben beschlossen hatte, in die Wahlbüchse. Selbige wurde von dem Deputierten G a d e b u s c h eröffnet, sodann wurden die Vota auf dem Tisch dem Herrn Ratskommissar vorgelegt, durchgezählt und nach befundener Richtigkeit eins nach dem anderen eröffnet und laut vorlesen. Der Ratskommissar und jedes Mitglied des Kirchenkollegiums zeichneten jedes Votum getreulich auf, und es ergab sich dadurch, dass auf Herrn Archidiaconus L e h n m a n n eine Stimme, auf Herrn Feldprediger K r a u t w a d e l zwei Stimmen und auf Herrn Pastor K u n o w s k i fünfzehn Stimmen fielen. Das Ergebnis der Wahl wurde sofort öffentlich bekannt gegeben.

Die Frohe Bewegung in der Gemeinde, welche den jedesmaligen Ausruf des Namens K u n o w s k i begleitete, und bei diesfälliger Bekanntmachung vorzüglich laut wurde, bezeichnete untrüglich die allgemeine Zufriedenheit der hiesigen Bürgerschaft mit dieser von Gottes Gnade bestimmten Wahl, worauf dieser actus mit einem herzlichen Gebet, dass die allgütige Vorsehung diese Wahl zur Verherrlichung Gottes gereichen lassen wolle, geschlossen wurde.

So also wurde Georg August K u n o w s k i mit großer Stimmenmehrheit gewählt. Der Ausgang der Wahl war offenbar nicht überraschend gekommen. Jedenfalls hatte es

Gruppen gegeben, die dieses befürchteten. Aus ihrer Mitte wurde ein nicht sehr liebenswürdiges anonymes Schreiben an den Kirchenvorsteher Herrn Justizrat B e r g e r auf der Hochgasse gerichtet. Der Schreiber wünschte, dass L e h n m a n n gewählt werden sollte und schloss seinen zornigen Brief mit den Worten: „Wir schwören es, so gewiß die Asche des seligen T i e d e ruht, uns und L e h n m a n n zu rächen."
"Noch am Tage der Wahl benachrichtigen die Kirchenvorsteher den Pastor K u n o w s k i von dem Ergebnis der Wahl und beriefen ihn zum Pastor Primarius und Schulinspektor in der unzweifelhaften Hoffnung, dass er diese Vokation als einen Wink der göttlichen Vorsehung anzunehmen umso weniger ansehen werde, als durch seine künftige Amtstreue das Wohl des hiesigen Zions (d.h. die Friedenskirche in Schweidnitz) und der zahlreichen Gemeinde befördert zu sehen die Kirchenvorsteher sich versprechen können.

Wenige Tage später trifft das Antwortschreiben von K u n o w s k i ein: „Mit der lebhaftesten Rührung meines Herzens ergreife ich die Feder, um für den ehrenvollen Ruf meinen gehorsamsten Dank zu versichern. Darf ich mir zwar nicht schmeicheln, Ihnen, meine zu verehrenden Herren und der zahlreichen Gemeinde, die mich in ihrer Mitte aufnimmt, den Verlust meines so allgemein verehrten Vorgängers ganz zu ersetzen, so werde ich doch mit dem redlichsten Eifer nach dem mir so schmeichelhaften Ziele streben und mich nur dann glücklich fühlen, wenn die Liebe meiner künftigen Gemeinde mir das beruhigende Zeugnis gibt, dass ich des in mich gesetzten unschätzbaren Vertrauens nicht unwürdig war." Er teilte des Weiteren mit, dass er mit Rücksicht auf seinen hochbetagten Kollegen und auf die Wünsche der Gemeinde von Beuthen, in welcher er zwölf Jahre gelebt hat, nicht eher weggehen könne, als bis sein Nachfolger ernannt ist. In einem ausführlichen Bericht an das Oberkonsistorium in Breslau über die erfolgte Wahl ersuchen die Kirchenvorsteher um Bestätigung desselben. Über den Gewählten selbst schreiben sie „daß er sich bei der in unserer Kirche abgehaltenen

Gastpredigt durch seinen in unserer schwer zu füllenden Kirche durchgehend hörbaren und ebenso angenehmen als rührenden geistlichen Vortrag sowie durch seine Gefälligkeit und Leutseligkeit den allgemeinen Beifall unserer Bürgerschaft und der hierher sich haltenden Landgemeinden erworben und den laut verbreiteten Wunsch, durch ihn den Verlust unseres verewigten T i e d e ersetzt zu wissen, erreget hat."

Am 26. Juni 1796, dem 8. Sonntag nach Trinitatis erfolgte die feierliche Einführung von G. A. K u n o w s k i. Der Gottesdienst war wie gewöhnlich um 8 Uhr angesetzt. Sämtliche Mitglieder des Kirchenkollegiums, die Rektoren und alle Lehrer der lateinischen und deutschen Schule, die sich in der Primariats-Wohnung eingefunden hatten, begaben sich Punkt acht Uhr morgens mit dem Oberkonsistorialrat G e r h a r d aus Breslau und Pastor K u n o w s k i in die Sakristei, um in der Kirche um den Altar herum ihre Plätze in folgender Formation einzunehmen: Im ersten Glied wurde der Oberkonsistorialrat von dem Obervorsteher und dem ersten Deputierten geführt, im zweiten Gliede der einzuführende Geistliche von dem zweiten Vorsteher und dem zweiten Deputierten, hierauf folgten die übrigen Mitglieder des Kollegiums nach der bekannten Ordnung paarweise und dahinter die Rektoren und Kollegen beider Schulen. Nachdem man die Plätze eingenommen hatte, wurde der Gottesdienst mit dem Lied „mein Herz ist froh, mein Geist ist frei" begonnen. Der Geistliche, der die Amtswoche hatte, verlas die Epistel. Die Gemeinde sang: „Allein Gott in der Höh".

Nach einer kurzen Kirchenmusik wurde das Evangelium verlesen und „Wir glauben all an einen Gott" gesprochen. Nach dem Lied „Komm, heiliger Geist, Herre Gott" hielt der Oberkonsistorialrat die Einführungsrede vom Altar aus. Am Ende der Rede trat Pastor Primarius K u n o w s k i auf die erste Stufe des Altars und unter dem Vaterunser kniete er nieder, bis der Segen gesprochen wurde, worauf von der Gemeinde das Lied: „Es will uns Gott gnädig sein" angestimmt wurde. Alsdann bestieg Pastor K u n o w s k i die Kanzel, um seine "Antrittspredigt" zu halten, während der das Offertorium

für den neu eingeführten Geistlichen in den Klingelbeutel gesammelt wurde. Nach der Predigt wurde das Lied gesungen; „Herr Gott, dich loben wir" mit Trompeten- und Paukenbegleitung. Darauf sprach der für die Amtswoche zuständige Geistliche den Segen und mit dem Liede: „Gott sei uns gnädig" fand die feierliche Installation ihr Ende.
Man begab sich danach wieder in geschlossenem Zuge in die Sakristei, woselbst von den Vorstehern die Klingelbeutel geleert wurden und das gesammelte Offertorium dem Pastor Primarius K u n o w s k i als das erste Merkmal der Liebe seiner neuen Gemeinde ausgehändigt wurde.
In der Berufungsurkunde war von dem Kirchenkollegium feierlich der Wunsch zum Ausdruck gebracht worden, es möge der neue Pastor Primarius die Herzen der Zuhörer mit Lehren, Vermahnen, Warnen und Trösten zu Gott lenken, mit erbaulichem Lebenswandel tätig voranleuchten, damit die Ehre Gottes verherrlicht und sein Reich erweitert werde.
In der Pfarrei der Friedenskirche waren zur Zeit des Eintritts von K u n o w s k i folgende Geistliche beschäftigt:
Seit 22. April 1794 war Johann Christian H ö p p e, aus Milkau/Sprottau stammend, zuletzt Prediger in Cammelwitz, zweiter Diakon. Ab 20.12.1796 wurde er zum ersten Diakon befördert. An die Stelle des zweiten Diakons rückte Johann Friedrich W o l l g a s t, geb. 1767 in Schweidnitz und Prediger zu Grottkau. 1829 rückte er zum Senior des Kirchenministeriums auf. Von ihm stammen Kirchenlieder. Ferner machte er sich als Buchautor einen Namen.
Christian Gottlieb L e h n m a n n war zwischen 1779 bis 1829 zunächst Diakon und bis zu seinem Tod Senior. Er verfasste u.a. eine Schrift zum 150-jährigen Bestehen der Friedenskirche. Samuel David M e n z e l, von 1793 bis 1829 Archidiakonus, starb 1831, die Leichenpredigt hielt G.A. K u n o w s k i.

Seit seinem Amtsantritt waren die Gottesdienste Kunowskis immer gut besucht, teilweise so stark, dass die weiten Räume der Friedenskirche oft die Menge der Zuhörer nicht aufzunehmen vermochte und zahlreiche Gruppen vor den geöffneten Türen stehend seinen Worten lauschten. Als ausgezeichneter Kanzelredner und Verfasser zahlreicher Geistlicher Schriften wusste er das richtige Maß zu halten, um den Gebildeten zu genügen und für die Mindergebildeten nicht unverständlich zu werden.[24]

5.2. Der Jahrhundertwechsel 1800

Der Wechsel zum 19. Jahrhundert wurde mit einem Gottesdienst begleitet, anlässlich dessen K u n o w s k i eine „Predigt zum Beginn der neuen Jahrhunderts", gehalten am ersten Tage des neunzehnten Jahrhunderts[25] hielt. Seinem Vortrag legt er die Worte aus dem Psalm 145, Vers 5 zu Grunde: „Ich denke an die vorigen Zeiten, ich rede von all deinen Taten und sage von den Werken deiner Hände".[26]
Nach dem Eingangsgebet beginnt er die Predigt mit folgenden Worten: „Mit feierlicher Rührung meines Herzens trete ich, theure Zuhörer, am ersten Morgen eines neuen Jahrhunderts unter euch auf, und ein Heer gemischter Empfindungen drängt sich in meine Seele. Ich sehe zurück in die verflossene Zeit, die für uns alle so merkwürdig war, die aber jetzt nur noch einem Traumbilde gleicht, das beim Erwachen entfloh. Ich richte meinen Blick in die Zukunft, doch ein undurchdringlicher Schleier verhüllt sie meinem Auge wie dem eurigen. Nur jenes Wesen, vor welchem, wie unsere Bibel sagt, tausend Jahre wie ein Tag, nur der Allwissende, vor dem Vergangenheit, Gegenwart und Zukunft eins sind, nur dieser weiß, was uns in den kommenden Tagen bevorsteht; nur ihm ist es bekannt, wie früh oder wie spät in dem angefangenen Jahrhundert unser Lebensweg sich endigen wird.
Wo sind alle die Millionen, die sich heute vor hundert Jahren zur Anbetung des Allgütigen versammelten? - Die Nacht des Grabes hat sie verschlungen. Ihre vollendeten Geister nahm

---

24 Kunowski-Familiennachrichten, 1933, 2. Quartal
25 Abgedruckt als Anlage 9.2.
26 Kunowski, Georg August, Predigt zum Beginn der neuen Jahrhunderts, Breslau 1800, S. 7

die Ewigkeit auf, und nur hier und dort nennt uns die Geschichte oder ein einzelner Grabstein ihre Namen. So werden auch wir uns nach und nach aus den Kreisen der Unsrigen verlieren, und von uns allen, die wir gegenwärtig sind, sieht keiner mehr ein Fest wie das heutige. ---
Großer, ernster Gedanke! Lasst uns ihn festhalten, meine Zuhörer, dass er unsre Herzen der Andacht öffne, uns allen, wo möglich die Stimmung gebe, in der vielleicht so mancher unter uns sich in der gestrigen Mitternacht am Scheidewege zweier Jahrhunderte befand.

Ein heiliger Schauer ergriff mich, als von unsern Thürmen herab das Sterbegeläute dem scheidenden Jahrhundert ertönte, und dann ein feierlicher Lobgesang den nahenden Morgen eines neuen verkündigte. Da traten Tränen der Rührung, des Dankes, der Freude in meine Augen. Da sank ich vor dem Allgütigen nieder und betete für unsern guten König, für mein Vaterland, für dich, Geliebte Gemeine, für jeden Tugendfreund, für jeden Verirrten, für jeden Beförderer des Wahren und Guten, für jeden, der noch die Finsternis mehr liebt als das Licht, für jeden Sterbenden, dessen Geist vielleicht mit fliehenden Jahrhundert diese Erde verließ. Da wallte mein Herz über von nie gehabten Gefühlen, von heißen Wünschen für das Wohl meiner Brüder."[27]

Die wichtige Frage, die er in den Mittelpunkt seiner Predigt stellt, ist zweigeteilt:

1. Was lehrt uns die Geschichte des verflossenen Jahrhunderts?
2. Wozu verpflichtet sie uns beim Beginn des neuen?

Hierzu führt er in seiner Predigt aus, dass „auf Grund einer glücklichen Fügung Preußens Länder durch ein ganzes Jahrhundert mit einer Folge vortrefflicher Monarchen (geführt wurden), die nie die Wohlfahrt ihres Reiches aus dem Auge verloren und sie selbst unter den heftigsten Stürmen aufrecht und blühend erhielten. So verschönerte uns endlich den Abend

27 Kunowski, Predigt zum Beginn, a.a.O. S. 6

desselben durch F r i e d r i c h W i l h e l m den Dritten, dessen Huld und Güte sich in jedem fühlenden Herz Altäre des Danks und der Liebe erbaut. Unter seinem Schutze sank friedlich und sanft das scheidende Jahrhundert für uns ins Meer der Vergangenheit hin. Beglückt durch den goldenen Frieden, der uns seine Weisheit erhielt, entlockt nur fremde, entfernte Not unserem Auge mitleidige Tränen, und wir genießen unter seinen Zepter eine Freiheit, die der Denkende mit Recht zu den größten Glückseligkeiten seines Lebens zählt."[28]

„Wie so ganz anders war es noch vor hundert Jahren in unserem Vaterlande! Da wurde ein großer Teil seiner Bewohner gewissermaßen nur geduldet. Da entzweite noch gegenseitige Abneigung die Bekenner ein und derselben Religion. Da schien ihr erstes Gesetz, das Gebot der brüderlichen Liebe wohl nicht ganz vergessen, noch allgemein vernachlässigt zu sein. Da hinderte auf der einen Seite Bedrückung und auf der anderen tief im Herzen verborgene Erbitterung jenen Gemeingeist. Unter dessen beglückenden Einfluss allein die Wohlfahrt eines Landes zu blühen vermag, da verbreiteten blinder Eifer und Verfolgungssucht, bald öffentlich, bald im Stillen, des Elendes viel. Da seufzten tausende, aber immer vergebens, nach eigenen Kirchen, in welchen sie ruhig und zwanglos Gott nach ihrer eigenen Überzeugung verehren könnten. –

Doch nun erschien, gleich einem Engel Gottes, F r i e d r i c h der Große, und mannigfaltige Segnungen folgten seinen Schritten. Ungehinderte Übung der Religion, Freiheit im Denken und Glauben, gegenseitige Duldung, vermehrter Flor der Künste und Wissenschaften, sichtbares Zunehmen des allgemeinen Wohls, breitet sich gleich den wohltätigen Strahlen der Sonne an einem schönen Frühlingsmorgen über unser glückliches Land aus. Nun näherten sich allmählich die Parteien, zwischen denen Vorurteil und Leidenschaft bis dahin eine unübersteigliche Scheidewand zog, verbanden sich zu

28 Zu dieser Zeit ahnte niemand, das Napoleon, der bereits um die Jahrhundertwende in Südeuropa für Angst und Schrecken sorgte, so bald das friedliche Leben in Preußen so nachhaltig erschüttern würde.

gemeinschaftlicher Wirksamkeit für des Vaterlandes Beste, und bald entfremdete sie die Verschiedenheit der Meinungen nicht mehr. Brüderlich reicht jetzt der katholische Christ seinem protestantischen Glaubensbruder die Hand. Beide sind überzeugt, dass sie, wenn auch auf verschiedenen Wegen, doch einem und demselben Ziel entgegen wollen, und wie viel hat dadurch die Ruhe des Landes, die Religion, das Reich der Sittlichkeit und Tugend gewonnen. Ehrwürdige Greise in dieser Versammlung, die ihr noch saht die vorigen Zeiten, und sie mit den gegenwärtigen vergleichen könnt; gewiss ihr fühlt es mit mir, dass schon dieser glückliche Wechsel allein uns das verflossene Jahrhundert zu einem der merkwürdigsten macht. Seine Geschichte ist der unleugbarste Beweis, dass nicht nur für Preußens Staaten überhaupt, sondern auch für Schlesien insbesondere eine gütige Vorsehung wacht. Dankbar erkannten dies schon längst seine Bewohner, denn sie liebten und schätzen die gekrönten Werkzeuge, deren sich Gott von Zeit zu Zeit zu ihrer Beglückung bediente."[29]
„Wo ist ein Land, in dessen Geschichte sich die merkwürdigsten und glücklichsten Begebenheiten so dicht aneinander reihten? Wo ist ein Volk, das Gott so sichtbar geschützt, so reichlich gesegnet, so unverkennbar beglückt hätte, als das unsrige? Ihm, dem weisen Regierer aller Dinge, dankten wir die guten Könige, die mit Vatersinn und mit Weisheit das Scepter über uns führten. Ihm das wohltätige Licht der Wissenschaften, der Denkfreiheit und echten Christus-Religion, das immer heller unter uns aufging; ihm den Wohlstand unseres Vaterlandes, der zwar bisweilen erschüttert ward, aber immer blühender wieder hervortrat; ihm die Ruhe und den Frieden, die uns am Scheidewege zweier Jahrhunderte beglücken."[30]

„So wäre dann das andere, wozu uns die Geschichte des vergangenen Jahrhunderts verpflichtet: fortgesetzte Anhänglichkeit, Ehrfurcht und Treue gegen den König. Man nenne mir

---

29 Kunowski, a.a.O., S. 10 f.
30 Kunowski, a.a.O., S. 14

ein Land, dessen Gesetzgebung weiser, dessen Gerechtigkeitspflege pünktlicher und unparteiischer, dessen Wohlstand blühender wäre; dessen König den Namen eines guten Vaters mehr verdiente, als der unsrige. O er ist das edelste Geschenk, das die Vorsehung unserm Volke machen konnte; er ist ein Kleinod, dessen Besitz uns die heitersten Aussichten in eine noch glücklichere Zukunft eröffnet."[31]

In einer kurzen Rezension zu dieser Predigt steht in einer Leipziger Literaturzeitung Folgendes geschrieben: „Eine echt patriotische und gedankenreiche, durch Inhalt und Vortrag gleich ausgezeichnete Predigt. Der Autor fixierte sich auf einen Hauptgegenstand, nämlich Preußen, bei dem Thema: Was lehrt uns die Geschichte des verflossenen und wozu verpflichtet sie uns bei Beginn des neuen Jahrhunderts?"[32]

5.3. Der Wechsel des Gesangbuchs

Das neue Jahr 1800 bescherte der Gemeinde der Friedenskirche zugleich den 148sten Jahrestag ihrer Gründung. Diesen Anlass nutzte die Leitung der Pfarrei für einen Festgottesdienst. In dessen Mittelpunkt sollte die Einführung des neuen Gesangbuchs stehen. Man war sich bewusst, dass es in vorwiegend konservativ geprägten Gemeinden bei dem gleichen Anlass zu Widerständen gekommen war. Deshalb beriet sich die Kirchenleitung intensiv über einen möglichst geräuschlosen Übergang zum neuen Gesangbuch. Auf keinen Fall sollte dieses neue Werk der Gemeinde „von oben" verordnet werden. Vielmehr sollte sie nach eingehendem Abwägen von Vor- und Nachteilen selbst entscheiden, welches Gesangbuch bei den künftigen Gottesdiensten zugrunde gelegt werden soll.
Im Rahmen des Festgottesdiensts hielt G.A. K u n o w s k i

31 a.a.O., S. 15
32 Neues Allgemeines Intelligenzblatt für Literatur und Kunst, 20. Stück, 18. April 1804, S. 321

eine Predigt[33], mit der er die Gemeinde vor die Wahl stellte, der Einführung eines neuen Gesangbuchs zuzustimmen oder es bei dem bisherigen zu belassen. Die endgültige Entscheidung legte er in die Hände der Gemeindemitglieder. Denn auch aus eigener sehr leidvoller Erfahrung war ihm bewusst, dass es sich hierbei um eine sehr sensible Angelegenheit handelte: Etwa 20 Jahre zuvor hatte das Kirchen-Konsistorium von Beuthen nach einer Vorgabe des Konsistoriums in Berlin die Einführung eines neuen Gesangbuches in der evangelischen Kirche beschlossen, an der noch sein Vater Pastor Primarius gewesen war. Bedauerlicherweise waren die möglichen negativen Folgen eines derartigen Beschlusses vorab nicht bedacht worden.
Als die überwiegend konservativ geprägte Gemeinde von der unmittelbar bevorstehenden Ablösung des alten Gesangbuchs erfuhr, erhob sich teilweise heftiger Widerspruch, weil viele diese Änderung als Beschränkung des Glaubens und der Gewissensfreiheit ansahen. Bereits Fontane hat in seinen "Wanderungen durch die Mark"[34] eindrucksvoll ausgeführt, dass allerorts ein großes Misstrauen gegen die Einführung dieses Gesangbuchs herrschte. So auch in Beuthen. Der zuständige Pastor George Sigismund K u n o w s k i aber sah in dem neuen Gesangbuch eine wesentliche Verbesserung und versuchte dies seiner Gemeinde schmackhaft zu machen. Er ließ, um den Einwänden der Gemeinde angemessen zu begegnen und in der Absicht die Gemeinde ganz allmählich auf das neue Gesangbuch vorzubereiten, abwechselnd aus dem alten und dem neuen singen. Beim ersten Mal sang die Gemeinde zwar die Melodie, unterlegte ihr aber einen Text aus dem alten Buch. Diese sanfte Vorbereitung änderte jedoch nichts an dem Unwillen und der Ablehnung vieler Gemeindemitglieder. Georg Sigismund Kunowski ließ sich hierdurch nicht einschüchtern und begann am Sonntag, dem

---

33 Kunowski, Georg August, Sollen wir unser bisheriges Gesangbuch beibehalten, Breslau 1800

34 Fontane, Theodor, Wanderungen durch die Mark/Havelland/Potsdam und Umgebung/Sakrow/Sakrow unter Baron Fouqué von 1779- 1787, S. 227 f.

23.08.1783, nach der Predigt wieder ein Lied nach dem vorherigen Muster vorzutragen. Da geschah das Unglaubliche: Der größte Teil der Gemeinde erhob sich von den Bänken und verließ unter Protest die Kirche, wobei sie im Herausgehen ihre Missbilligung gegenüber dem Gesangbuch und sogar gegenüber dem Pfarrer äußerte.
Diese ungeheure Verletzung des Gottesdienstes und die Brüskierung des Pfarrers erschütterten den schon hochbetagten Mann derartig, dass er beim Verlassen der Kanzel in Ohnmacht fiel. Ihn ergriff ein heftiges Gallenfieber, von dem er sich nicht mehr erholte und acht Tage später am 2. September 1783 im Alter von 68 Jahren nach über 42 Dienstjahren starb.[35]
Georg August K u n o w s k i hatte damals, wie oben dargestellt, die Nachfolge seines verstorbenen Vaters als Pfarrer an der evangelischen Kirche zu Beuthen angetreten. Diese erschütternde Begebenheit vor Augen bevorzugte er nun im Rahmen seiner Predigt eine Form der Ansprache, bei der jeder Zweifel genommen wurde, dass die kirchliche Obrigkeit den Gläubigen ein neues Gesangbuch verordnen würde. Er wählte dabei das Bibelwort: 1. Tessalonicher 5.21.:„Prüft aber alles und das Gute behaltet". Er räumte ein, dass es immer noch eine große Zahl von Gemeindemitgliedern gäbe, die an dem bisherigen Buch festhalten wollen. In seiner Predigt macht er jedoch den Zuhörern deutlich, dass seit Jahren immer wieder der Wunsch geäußert worden sei, den großen Schatz an Kirchenliedern in einer neuen Sammlung herauszugeben, „die den Bedürfnissen unserer Zeit angemessener wäre." Immerhin sei das jetzige Gesangbuch nun auch über fünfzig Jahre alt, und „unsere Voreltern mussten damit zufrieden sein, denn sie hatten kein besseres." Es habe Jahrzehnte lang gute Dienste geleistet. Heute sei vieles nicht mehr zeitgemäß. Es seien neue wichtige Kirchenlieder hinzugekommen, die sich nicht in dem alten Gesangbuch wiederfinden. Ein auf einem modernen Stand gehaltenes Gesangbuch sei eine der wichtigen Voraussetzungen dafür, dass unsere Mitchristen diese Religion achten. Jeder Entschluss, der in dieser Sache gefasst werde, sei für alle

35 Kunowski-Familiennachrichten, a.a.O.

schlesischen Gemeinden in hohem Maße wichtig und entscheidend. Breslau habe zur Ehre Gottes und seinem eigenen Ruhme mit dieser Verbesserung den Anfang gemacht. Aber mehr noch als auf die Hauptstadt Breslau seien die Augen vieler Gemeinden, die sich ein neues Gesangbuch wünschen, auf ihre "Mutterkirche" (so wird die Friedenskirche in Schweidnitz noch immer in der hiesigen Gegend bezeichnet) gerichtet. Sie waren es von jeher gewohnt, dass gute und ehrwürdige Kirchengebräuche auf ihre Gemeinden übergingen. Und sie warteten nur darauf, dass die Schweidnitzer Gemeinde mit gutem Beispiele voranginge. „Lasst sie diese Hoffnung nicht vergebens gefasst haben. Ergreifet vielmehr die Gelegenheit, die sich bietet auf Tausende zu wirken und auch in entfernten Gemeinden durch Euer Beispiel Gutes zu stiften." Bekanntermaßen war das alte Gesangbuch vergriffen und an einer Neuauflage wurde nicht gearbeitet. Es könne als Schmach betrachtet werden sich möglicherweise nachsagen zu lassen, das Bessere nicht eher angenommen zu haben, bevor man mit dem Alten untergeht.

K u n o w s k i resumiert in seiner Predigt, dass er nach gewissenhafter Abwägung aller Aspekte für und wider zu der Überzeugung gelangt sei, dass es heilige Pflicht der Religion sei, sich einem Vorhaben nicht zu widersetzen, dessen Ausführung für die Würde des öffentlichen Gottesdienstes so wichtig und notwendig ist: „Lange und viel habe ich darüber nachgedacht, habe inbrünstig zu Gott um seine Erleuchtung gefleht (...) Sie wird mich durch den Rest meiner Tage begleiten: sie wird mich in der Todesstunde nicht verlassen, und ich hoffe getrost, sie einst noch vor dem Richterstuhle Jesu verantworten zu können. Einst müssen wir alle Rechenschaft ablegen."[36] Kunowski gelang es schließlich, die Gemeinde von der Notwendigkeit der Einführung des Gesangbuchs zu überzeugen.

Die entsprechende Predigt wurde in Kunowskis dreibändige Predigtsammlung[37] als Nr. 54 aufgenommen und hier

36 Kunowski, G.A. Sollen wir das Gesangbuch.... a.a.O. S. 18

37 Kunowski, G.A. Predigten zur Beförderung häuslichen Erbauung

entsprechend wie folgt rezensiert:
„Sie (Kunowskis Predigt) iſt ein Muster eines Gelegenheitsvortrages und mit vieler Lehrweisheit abgefasst. Nur in dieſem Tone ſollte jeder Prediger über ein altes Geſangbuch, das er verdrängen, und von dem neuen, das er einführen will, öffentlich reden, und er wird, wenn er ſonſt das Zutrauen ſeiner Gemeinde beſitzt, wie Hr. K., die Freude haben, ſeinen Zweck zu erreichen. – Eine Bemerkung muss indes Rec. noch beifügen. Die Eingänge ſind zuweilen etwas zu weit hergeholt und bereiten nicht genug vor auf die Materie, welche abgehandelt werden ſoll. Das iſt nun aber doch die Beſtimmung dieſes Theils der Rede. Der Zuhörer muſs, wenn er ihn hört, ſchon wiſſen, oder doch ahnen, wovon geſprochen werden wird, und es müſſen keine Hauptſätze darin vorkommen, welche ihn ſo ſehr anſtrengen und beſchäftigen, daſs er ihnen ſeine ganze Aufmerkſamkeit widmet, und auch dann noch wieder dahin zurückkehrt, wenn das Folgende ihr weiter, oder wohl gar anderswohin, leiten will."[38]

5.4. Das 150-jährige Bestehen der Friedenskirche[39]

Das Jahr 1802 stand im Zeichen der Festlichkeiten für das 150-jährige Bestehen der Friedenskirche. Am Mittwoch, dem 22. Sept. wurde gegen Morgen ein vorbereitender Gottesdienst gehalten. Am selben Abend fand in der voll erleuchteten Kirche eine musikalische Darbietung statt. Der damals aus dem Kloster Grüssau angereiste Abt Georg Joseph V o g l e r hatte für diesem Anlass auf der nach seinem einfachen System umgerüsteten Orgel das von ihm bearbeitete H ä n d e l - Oratorium Messias zur Aufführung gebracht. Dargeboten wurde ein Psalm nach M e n d e l s s o h n s Übersetzung, den Vogler für die Orgel und vier Singstimmen komponiert hatte.

---

auf alle Sonntage und Feste im Jahre, Dritter Teil 1804, S. 8

38 Allgemeine Literatur-Zeitung, Ergänzungsblätter, Nr. 47, April 1807, S. 392

39 Wesentliche Teile der folgenden Ausführungen sind entnommen der Schrift von: Friedrich Julius Schmidt, Die Geschichte der Stadt Schweidnitz, Bd. 2, Schweidnitz 1848

Am frühen Morgen des folgenden festlichen Tages begann die eigentliche Feier. Noch dämmerte kaum das erste Morgenlicht, als um 4 Uhr unter Begleitung der Pauken und Blasinstrumente von dem Sängerchor aus dem neuen Breslauer Gesangbuch die Lieder: „ Mein erſt Gefühl ſei Preis und Dank“ und „Sei Lob und Ehr' dem höchsten Gut“ geſungen wurden.
Mit allen Glocken wurde hierauf zum Frühgottesdienst geläutet. Der Senior L e h n m a n n, der als Einladungsſchrift ſeine „Geſchichte der evangeliſchen Friedenskirche zu Schweidnitz“ herausgegeben und auch die bei jener Gelegenheit veranſtaltete Feſtlichkeit beſonders beſchrieben hatte, hielt die Predigt. Den Schwerpunkt legte er auf die Worte des Psalmisten (Psalm 102): „Deine Jahre währen für und für. Du hast vorhin die Erde begründet, und die Himmel sind Deiner Hände Werk. Sie werden vergehen, aber Du bleibst. Sie werden alle veralten wie ein Gewand; sie werden verwandelt wie ein Kleid, wenn Du sie verwandeln wirst. Du aber bleibst wie Du bist und Deine Jahre nehmen kein Ende."[40]
Gegen acht Uhr des Morgens versammelten die sich zu der kirchlichen Prozession geladenen Personen in dem Konferenzzimmer des Kollegiums, das sich im Hause des Pastor Primarius befindet. Den Zug um den Kirchhof eröffneten zwei Lehrer der Stadtschule, ihnen folgten die Schüler und Schülerinnen. Denselben reihten sich an: der Rektor und die Lehrer des Lyceums, die Geistlichen des hiesigen kirchlichen Ministeriums.
Außer den evangeliſchen Geiſtlichen, die in zahlreicher Menge aus den Kirchſpielen der Schweidnitzer Inſpektion und aus anderen näheren und entfernteren Ortſchaften ſich eingefunden hatten, und den Chefs der Militair- und Civilbehörden, ſo wie den Älteſten der Kaufmannsgilde und der Zünfte, nahm auch der Abt V o g l e r teil, ferner die vornehmſten Kloſter- und Weltgeiſtlichen aus dem Bereich der Stadt, der Stadtpfarrer, der Präcentor, und der Commendator des Kreuzherrenstifts zu St. Michael. Auch die Oberen der Congregation des Dominikaner-,

40 Schmidt, Julius, Geschichte der Begründung des Protestantismus...a.a.O, S. 74

des Minoriten- und des Kapuzinerſtifts fanden sich in brüderlicher Eintracht in der Mitte der lutheriſchen Geiſtlichkeit, zu der auch Kunowskis Schwager Johann Gottlieb M e i s s n e r aus Bielwiese[41] gehörte.
Die Prozession bewegte sich von dem Primariatshaus zum Kirchhof nach dem großen Tore unter der Orgel. Beim Eintritt in die Kirche empfingen den Zug mit voller Muſik des Orcheſters achtzig weißgekleidete mit Myrthenkränzen geschmückte Mädchen, die in zwei Reihen jeweils links und rechts standen, die den Ankommenden Blumen entgegenstreuten. In der Kirche nahmen die Geladenen auf den in einem Halbkreis vor dem Altare für sie bestimmten Sitzen Platz.; und nachdem das „Ehre sei Gott in der Höhe" angestimmt und das Lied „Allein Gott in der Höh' sei Ehr'" gesungen war, wurde eine vom Diakonus W o l l g a s t angefertigte und von dem damaligen Cantor R o h l e d e r in Musik gesetzte Cantate aufgeführt. Nach dem Gesange des Liedes „Sei uns gesegnet der Tag des Herrn" verlas der Senior L e h n m a n n einen kurzen Abriss der von ihm verfassten Geſchichte der Kirche von ihrer Gründung bis zum Jahre 1802; dann wurde der Text zur Predigt sowie der Glaube, letzterer unter Abfeuerung der Mörſer, am Altar vorgelesen. Die Festrede hielt der Paſtor primarius K u n o w s k i über den Text in Pſalm 100, V. 4 u. 5: „Gehet zu seinen Toren ein mit Danken, zu seinen Vorhöfen mit Loben; danket ihm, lobet seinen Namen: denn der Herr ist freundlich, und seine Gnade währet ewig und seine Wahrheit für und für." Nach dem Schluß intonierte der Senior L e h n m a n n , der jetzt mit zwei seiner Amtsgenoſſen in samtener, reich mit Gold beſetzter Amtstracht vor dem Altare erſchien, den Lobgesang: „Herr Gott, Dich loben wir“, in den die ganze zahlreiche Schar Andächtiger, die die Räume der Kirche kaum zu fassen vermochten, einstimmte, und es machte einen erhebenden Eindruck auf die Verſammelten, als bei den Worten des zur Aufführung kommenden Te Deum: „Bei Feindes Wuth, in Krieg und Brand, nahmſt Du dies Haus in Deine Hand!“ nochmals die Mörser abgefeuert wurden. Auf

41 Siehe S. 13

gleich erhebende Weiſe ward mit Muſik, Geſang und Predigt am Nachmittag der Gottesdienſt begangen. Er wurde eröffnet mit einer Aufführung einer von Frau Anthoni gedichteten und vom Cantor Rohleder in Musik gesetzte Cantate. Der Diakonus W o l l g a s t entlehnte den Text zu seiner Predigt aus Nehemia 12, 27 und 43.
Als der Abend herannahte, versammelte sich das hiesige geistliche Ministerium samt den fremden Geistlichen, die zur Festfeier erschienen waren; sie schlossen mit einem Teile des Kirchenkollegiums einen Halbkreis um den Glockenturm. Um sie herum versammelte sich die zahlreich erschienen Menge. Man sang zunächst das Lied „Nun danket alle Gott", dann das Abendlied „Herr, es ist von meinem Leben", und ein stilles Gebet schloss die erhebende Feier.

5.5 Die Napoleonischen Truppen in Schweidnitz

Vier Jahre nach der Jubelfeier zum 150 jährigen Bestehen der Friedenskirche wurde Preußen 1806 in den unseligen Krieg mit Napoleon hineingezogen. Nachdem die Franzosen bei ihrem Einmarsch den sich entgegenstellenden preußischen Truppen eine entscheidende Niederlage in der Schlacht bei Jena und Auerstedt beigebracht hatten, rückten die feindlichen Truppen weiter in östlicher Richtung vor und verbreiteten mit ihren Kampfhandlungen Angst und Schrecken. Auch Schweidnitz blieb von ihnen nicht verschont.
Am Sonntag den 26.10.1806 hielt K u n o w s k i seinen üblichen Gottesdienst, als ihm die Nachricht zugetragen wurde, der Feind sei schon nahe herangerückt. Eine ungeheure Angst ergriff die ungeschützte Vorstadt, in der auch die Kirche lag. Mit der Meldung vom herannahenden Feind leerte sich die Kirche rasch, alles floh in die Stadt hinter die Wälle. K u n o w s k i hielt aber ruhig seinen Gottesdienst zu Ende. Als er dann nach Hause kam, fand er dasselbe leer vor. Seine treue Gattin hatte auch die Angst ergriffen, sie war mit allem Nötigen in die Stadt geflohen, wo schon ein Ausweichquartier vorbereitet war. Die Vorstadt war inzwischen menschenleer. K u n o w s k i veranlasste die Unterbringung seiner Akten und

seines persönlichen Hab und Guts im Keller und in den Gewölben der Amtswohnung. Daraufhin eilte er in die Stadt, wo die Familie mit den Kindern und den Dienstboten gemeinsam in einer nicht allzu großen Stube untergebracht war. Die älteste Tochter Henriette war 17 Jahre, Eduard 11, Charlotte 12, August 8, Karl 6 und Moritz erst etwas über 1 Jahr alt.
Aber der Feind ließ sich Zeit, und K u n o w s k i ging nun täglich in sein Amtszimmer in der Vorstadt, da er in der gemeinsamen Stube unmöglich arbeiten konnte. Für den Fall einer Beschießung war ein Keller als Zufluchtsort vorgesehen, wo aber noch andere Familien untergebracht werden mussten. Da der Keller feucht war, ließ Georg August den Platz für die Seinen mit Brettern verschlagen. Man verproviantierte sich, so gut es ging, auf drei Monate und sah mit banger Erwartung der Zukunft entgegen. Dazu kam noch die Sorge um den ältesten Sohn Georg Karl Friedrich, damals 20 Jahre alt, der in Halle/Saale die Rechtswissenschaften studierte. Schon am 26.10.1806 hatte man erfahren, dass Napoleon in Halle einmarschiert war und die Universität als angeblichen Hort des angeblichen Widerstandes geschlossen hatte. Angesichts der Restriktionen und der Unsicherheit über eine mögliche Wiedereröffnung erwog Sohn Friedrich eine Rückkehr in sein Elternhaus. Aufgrund der kriegerischen Handlungen der auf Schlesien vorrückenden Truppen Napoleons war dies jedoch mit Gefahren verbunden; umso größer die Freude, als Friedrich am 29.10.1806 gesund zu Hause ankam.
Die Familiennachrichten aus dem Jahre 1933 enthalten ausführliche Schilderungen der damaligen Kriegsereignisse anhand von Briefen, die G.A. Kunowski und sein ältester Sohn Georg Karl Friedrich an seinen Onkel Friedrich in Berlin schrieb. In der von Georg August Kunowskis zweitem Sohn Georg Eduard verfassten Familiengeschichte heißt es über seinen Vater: „Die unglücklichen Ereignisse (gemeint ist die Niederlage der preußischen Armee bei Jena) des Jahres 1806 hatten ihn zwar zutiefst erschüttert, aber nicht entmutigt. Mit wahrem Feuereifer wirkte er der Niedergeschlagenheit und Mutlosigkeit bei der Bevölkerung entgegen, die sich

namentlich der höheren Kreise bemächtigt hatte. Er belebte den gesunkenen Muth, die schlummernde Vaterlandsliebe, und sorgte für die Besatzung von Schweidnitz durch Sammlung von warmer Kleidung für Wachen und Posten.
Indessen waren Napoleos Truppen weiter nach Osten vorgerückt und befanden sich kurz vor Schweidnitz. K u n o w s k i stand vor schwierigen Entscheidungen. Auf ihn kamen als Seelsorger neue Herausforderungen und vielfältige Aufgaben hinzu. Neben der Familie, um deren Sicherheit er sich in erster Linie sorgte, war er als Pfarrer und Inspektor, der ab 1806 zugleich den Titel des Superintendenten führte, nicht nur geistlicher Repräsentant der protestantischen Gemeinde, sondern zugleich des gesamten Schweidnitzer Sprengels. Ferner stand er durch den unermüdlichen Einsatz für die Belange der Stadt seit seiner nunmehr 10 jährigen Tätigkeit in der Verantwortung der gesamten Schweidnitzer Bevölkerung, unabhängig von ihrer Religionszugehörigkeit.

Er bemühte sich zunächst darum, seine Frau und die jüngeren Kinder aus der Stadt zu bringen, um sie den Schrecknissen der Belagerung zu entziehen. So zog die Familie im November 1806 nach Rogau am Zobten zum Pastor P e t e r s e n, ein Schwager von Georg August. Dieser war mit Charlotte H e n r i c i, der Schwester seiner Frau Johanna verheiratet. Sie waren dort zur Taufe eines Töchterchens geladen. Kurz danach kehrte K u n o w s k i mit seinen Söhnen Friedrich und Eduard nach Schweidnitz zurück, während die übrige Familie noch dort verweilte. Aber auch Frau Johanna hielt es in Rogau nicht länger aus. Das Haus war durch weitere Einquartierungen unruhig geworden, deshalb flüchtete sie mit der übrigen Familie in das anschließende Gutshaus, fand dort aber auch keine Ruhe. Sie war entschlossen, die bevorstehenden Gefahren mit ihrem Gatten teilen und in seiner Nähe sein. Kurz entschlossen nahm sie sich einen Wagen und fuhr nach Schweidnitz zurück. Dies war jedoch zu verfrüht, denn die vollständige Einschließung der Stadt Schweidnitz stand unmittelbar bevor. Allmählich schob der Feind seine Truppen vor und baute seine Batterien auf, von denen man behauptete, sie lägen viel zu weit entfernt, als dass ihre Geschosse die Stadt hätten erreichen könnten. So war der höchst merkwürdige Befehl erlassen worden, dass aus der Festung nicht geschossen werden dürfte, solange der Feind nicht schoss. So konnte der Feind ungestört seine Batterien aufbauen und seine Laufgräben ausheben.

Umso größer war die Überraschung, als am 5.1.1807 um 10.30 Uhr vormittags die erste Bombe etwa 10 Schritte von der Wohnung von Georg August K u n o w s k i entfernt in ein Nachbarhaus einschlug und alle Fenster der einstigen Schule zersprangen. Die Bevölkerung eilte nun in die Keller. Das Bombardement dauerte bis 6 Uhr nachmittags und begann dann in der Nacht erneut. Dieser Angriff zog sich etwa 3 Tage und 3 Nächte mit kurzen Pausen hin. Etwa 3000 Kugeln fielen um das Haus herum, das selbst auf wunderbare Weise verschont blieb. In der Stadt brannte es an verschiedenen Stellen, doch wurden die Brände schnell wieder gelöscht.

Die Festungswerke blieben unversehrt. Die Garnison hatte bislang nur 10 Tote und Verwundete zu verzeichnen und hielt sich von Ausnahmen abgesehen vortrefflich. In dieser Situation kam der Inspekteur der schlesischen Festungen, General L i n d n e r, nach Schweidnitz und forderte zusammen mit dem Stadtkommandanten Oberst H a a k den Magistrat auf, dem Feinde eine Deputation entgegenzuschicken und um Schonung für die Stadt, die nicht verteidigt werden solle, zu bitten. Schon war die Entscheidung getroffen, als K u n o w s k i dies erfuhr. Sofort eilte er zum Rathaus, wo er dem versammelten Magistrat in einer donnernden Rede das Schamlose, Entehrende und Verräterische dieser Maßnahme vor Augen hielt und sie dadurch zunächst auch verhindern konnte. General L i n d n e r , der dies erfuhr, drohte jedem, der sich seinen Anordnungen widersetzte, mit Verhaftung. Eine vorzeitige Kapitulation von Schweidnitz war für viele Bürger unbegreiflich, da sie als Festung hochgerüstet durchaus verteidigungsbereit war und mehrere Monate den Angriffen hätte standhalten können. Bereits am 6.01.1807 wurde ein Waffenstillstand geschlossen, der dazu führte, dass die Festung am 16.01.1807 dem Feind übergeben wurde. K u n o w s k i

kam nicht umhin, bei einem späteren Besuch in Berlin dem König noch einmal sein Befremden über die viel zu verfrühte Übergabe der Stadt zum Ausdruck zu bringen.
Unmittelbar nach der Kapitulation rückte an der Spitze mehrerer französischer Regimenter Prinz Jerome in Schweidnitz ein und wurde an den Toren vom Magistrat empfangen. Auch Georg August Kunowski musste zu seinem größten Schmerz mit der Geistlichkeit hierbei erscheinen. Aber die Franzosen behandelten ihn mit großer Achtung und General van D a m m e, der den Oberbefehl übernahm, zog ihn am nächsten Tage zur Tafel. Die Franzosen hielten Ordnung, aber die Kosten der Einquartierung lasteten schwer. Manches Haus musste 50 Taler täglich dafür ausgeben, und so verarmte die Stadt und Umgebung mehr und mehr. Der Superintendent hatte monatelang nur 11 Taler Einkommen, keine Amtshandlung wurde aus Mangel an Geld bezahlt. So sank auch seine Lebenshaltung auf ein kümmerliches Maß. Brotsuppe aus Kommissbrot war die gewöhnliche Mahlzeit. In einem Briefe an seinen Bruder Friedrich schrieb der damals Fünfzigjährige: „Mein Haar ist seit vier Monaten grau geworden und ich werde des Puders nicht mehr bedürfen."[42] So verging die Zeit der höchsten Not.
Trotz mehrerer bilateraler Friedensabkommen wie etwa dem Frieden von Tilsit gingen weiterhin Bedrohungen von Napoleons kriegerischen Handlungen aus, bis er schließlich im Oktober 1813 in der Völkerschlacht von Leipzig eine vernichtende Niederlage durch Blüchers Armee erlitt. In Preußen war man erfreut und erleichtert über das Ende dieser langes Zeit des Unfriedens in Europa. Begeistert hierüber schrieb G.A. K u n o w s k i in einem am 30. August.1813 verfassten Brief an seine Frau, unmittelbar nach der bereits zwei Monate zuvor erlittenen Niederlage Napoleons durch Blücher in der Schlacht an der Katzbach vom 26. August 1813 (siehe Anlage 9.5.): „Geliebtes Weib, Victoria! Blücher hat die Franzosen geschlagen...! " und schickte ihr Ausschnitte aus Zeitungen über diese Ereignisse.

42 Kunowski-Familiennachrichten, 1.Qu. 1934

Am 18.01.1816 wurde der Sieg der Alliierten über Napoleon bei Waterloo und das damit langersehnte Kriegende mit einem Friedensfest gefeiert.

5.6. Friede unter den christlichen Glaubensgemeinschaften

Die auf Unparteilichkeit und den Ausgleich zwischen den beiden chriſtlichen Glaubensparteien des Landes gerichtete Politik der preußischen Könige hatte über die vergangenen 60 Jahre hinweg zu einer deutlichen Entspannung im Umgang mit religiösen Themen beigetragen. So waren allmählich die Animositäten zwischen den Konfessionen abgeklungen, begleitet von einem Prozess der Annäherung hin zu einem respektvollen und freundlichen Umgang miteinander und dies bis hin zum katholiſchen und evangeliſchen Klerus. Ganz deutlich zeigt sich diese Entwicklung am Beispiel der christlichen Gemeinden in Schweidnitz bereits zum Ende des 18. Jahrhunderts. Hierzu ist in den Familiennachrichten Folgendes vermerkt:

„Bemerkenswert war K u n o w s k i s Verhältnis zur katholischen Gemeinde der Stadt und deren Geistlichkeit. Fern von aller Proselytenmacherei und durchdrungen von wahrhaft christlicher Gesinnung und Bildung stand er mit dem katholischen Teil der Einwohnerschaft sowie der Geistlichkeiten derselben in bestem Einvernehmen. In der einige Jahre später folgenden Besetzung der Stadt durch die Napoleonische Truppen war die gegenseitige Unterstützung in der Not fast schon selbstverständlich.

Viele junge katholische Geistliche gehörten zu den fleißigsten Besuchern der Kunowskischen Predigten und bildeten sich mit seiner Unterstützung zu Kanzelrednern aus. Der Abt des Zisterzienser-Klosters Leubus, Gabriel O t t o, empfahl seinen jungen Geistlichen das Studium von Kunowskis Predigten. Dieselbe friedliebende Gesinnung, die der Klerus beider Konfessionen im wechselseitigen Verkehr an den Tag legte, zeigte sich auch in späteren Jahren und äußerte einen wohltuenden Einfluss auf die gegenseitige Stimmung der Bekenner beider Konfessionen. Bedauerlicherweise hat später die katholische Kirche strengere Regeln u.a. bei der Bildung und Einsegnung von Mischehen aufgestellt, die allgemein auf Unverständnis stießen, und die das erreichte gute Einvernehmen zwischen den Konfessionen störten.

Ein Jahr nach den Festlichkeiten zum endgültigen Sieg über Napoleon wurde Ende Oktober 1817 die dreihundertjährige Wiederkehr des Reformationstages gefeiert. Die seit Jahren gelebte christliche Toleranz unter den verschiedenen Konfessionen sowie das freundschaftliche Verhältnis zwischen K u n o w s k i und dem Repräsentanten der katholischen Kirchengemeinde führte zu einer bis dahin nicht für möglich gehaltenen Situation, dass am Sonntag vor der Feier des Reformationsfestes der katholische Stadtpfarrer Kanonikus P r i l l m a y e r seine Gemeindemitglieder auf das bevorstehende Fest die evangelischen Mitbürger vorbereitete. Aus diesem Anlass gab er ihnen in der Predigt einen kurzen Abriss der Reformation und wies dabei auf den wohltätigen Einfluss hin, die diese auf die katholische Kirche durch Abschaffung vieler Missbräuche ausgeübt habe. P r i l l m a y e r lud seine Gemeinde ein, sich an dem Reformationsfest zu beteiligen. Er selbst nahm am 31. Oktober 1817 an der Spitze der katholischen Geistlichkeit während der Feier in der Friedenskirche vor dem Altar Platz.
Die Freundschaft zwischen P r i l l m a y e r und G. A. K u n o w s k i und die gelebte Eintracht der Schweidnitzer Gemeinde trug in den ersten Jahrzehnten zu einem völlig entspannten Verhältnis unter den Konfessionen bei. Dies hielt auch noch einige Zeit über ihren Tod der beiden Geistlichen hinaus an. Ein Jahr, nachdem K u n o w s k i 1838 verstarb, belegte ein weiteres Ereignis die selbstlose Hilfsbereitschaft, die sich im Laufe der Jahre zwischen den beiden Konfessionen entwickelt hatte. Die protestantische Gemeinde schenkte 1839 der wesentlich ärmeren katholischen einen nicht unbedeutenden Geldbetrag für das Umgießen ihrer Kirchturmglocken. In dankbarer Anerkennung ließ das katholische Kirchenkollegium das evangelische Kirchenfest mit den neu

gegossenen Glocken einläuten.[43] Die jahrelange Eintracht unter den Gläubigen verschiedener Konfessionen in Schweidnitz war möglich, obwohl die katholische Gemeinde innerhalb von mehr als vierzig Jahren deutlich an Mitgliedern zugunsten der protestantischen Kirche einbüßte, diesem Mitgliederschwund - als Alarmzeichen wertend – jedoch nichts Erkennbares entgegensetzte. In einer Reminiszenz zum 100. Todestag K u n o w s k i s wird dieser Vorgang noch einmal deutlich vermerkt:

„Lebendige Vaterlandsliebe, seine unbegrenzte Treue und Ergebenheit gegenüber seinem König sowie sein ausgeprägter Bürgersinn eröffneten ihm auch in anderen, seinem Berufe ferner liegenden Kreisen eine erfolgreiche Wirksamkeit. Bei Kunowskis Amtsantritt gehörten etwa die Hälfte der Einwohner der katholischen Kirche an. Bei seinem Tode jedoch zählten mehr als zwei Drittel der Einwohner zu seiner Gemeinde".[44]

6. Sonst. politisches und caritatives Engagement

6.1. Die neue Städteordnung

F r i e d r i c h II. hatte nach seinem Einmarsch in Schlesien die bestehende Munizipalverfassung der dortigen Städte, darunter Schweidnitz, aufgelöst und sie der zentralen Verwaltung der preußischen Monarchie untergeordnet. Die Selbstverantwortung der Stadt, vertreten durch ihre Räte, wurde damit aufgegeben. Die patriotische Gesinnung der Bürger wich einer indifferenten Haltung und der Hoffnung, dass die zentrale Verwaltung in Berlin die kommunalen Belange befriedigend wahrnehmen werde. Der fehlende Patriotismus verbunden mit einer eingeschränkten Wehrhaftigkeit und Wehrbereitschaft der städtischen

43 Schmidt, Julius, a.a.O. S. 387

44 Zum 100. Todestage von Georg August Kunowski, Erinnerungen an das Leben und Wirken eines bekannten Schweidnitzer Superintendenten, Tägliche Rundschau für Mittelschlesien, Beilage, 31.10.1917

Bürgerschaften erwiesen sich als deutlicher Nachteil in den kriegerischen Auseinandersetzungen der Jahre 1806 und 1807, und dies umso mehr, da das preußische Oberhaupt F r i e d r i c h W i l h e l m III. damals aus Berlin floh und es vorzog, das gesamte Jahr 1807 außer Reichweite der französischen Truppen in der baltischen Stadt Memel zu verbringen. Wieder zurückgekehrt aus seinem selbstgewählten Exil setzte der König im Jahr 1808 einige notwendige Reformen in Gang, darunter eine längst überfällige Erneuerung der Städteordnung, mit der die Kommunen wieder mehr Eigenverantwortung übertragen bekamen. Am 19. Nov. 1808 wurde die neue Städteverordnung in Königsberg besiegelt.

Als die Franzosen aus der Stadt bereits abgezogen waren, wurde im Januar 1809 damit begonnen, in Schweidnitz die neue Ordnung der Kommunalverfassung in Angriff zu nehmen. Zunächst wurde die Stadt einschließlich der Vorstadt in zehn Wahlbezirke aufgeteilt. Am Sonntag, dem 12. Februar, fanden in den verschiedenen Stadtbezirken die Wahlen der Repräsentanten der Bürgerschaft, insgesamt 40 Stadtverordnete und 20 Stellvertreter, statt. Die nach den Wahlen neu konstituierte Versammlung wollte dem Superintendenten und Pastor Primarius an der Friedenskirche K u n o w s k i das Amt des Vorsitzenden übertragen. Die Wahl wurde jedoch von der Regierung nicht genehmigt, da königliche Beamte, zu denen auch Geistliche damals gehörten, gemäß Paragraph 116 der neuen Städteordnung kein weiteres öffentliches Amt, in diesem Falle das des Stadtverordnetenvorstehers, übernehmen durften. Der Magistrat richtete dennoch ein entsprechendes Gesuch an den König unter dem Hinweis auf besondere Umstände, die seine Wahl erforderten. In dem Bittschreiben hieß es unter anderem: „sowohl der Superintendent K u n o w s k i als der Diakon Johann Christian H ö p p e (dieser sollte Stellvertreter werden) leben seit einer langen Reihe von Jahren in unserer Mitte. Sie haben während dieser Zeit uns und allen unseren Mitbürgern die beste Gelegenheit gegeben, uns über ihren Charakter und ihre Kenntnis auf das Vollständigste zu unterrichten. Das Resultat dieser Beobachtungen ist die

allgemeine Achtung und Liebe, die diese genießen und verdienen. Ihre Talente als Redner haben sie uns wert gemacht, mehr aber noch der Gebrauch, den sie von ihrem Einfluss auf die Stimmung unsere Mitbürger machten, da sie auf unseren Patriotismus bei jeder Gelegenheit auf das Kräftigste wirkten. Die unbegrenzte Verehrung für Eurer königlichen Majestät erlauchtes Haus, die Liebe zum Vaterlande und die schöne Tugend, die Eure königliche Majestät höchst selbst mit so viel Weisheit und Huld von jeher in uns entfachten, wir meinen den echten Bürgersinn, waren so oft der Gegenstand Ihrer Reden, haben uns so oft selbst in den trübsten Zeiten erhoben. Doch nicht allein Worte waren es, womit sie das Ziel, was ihnen ihr Amt und ihr Patriotismus vorstreckte, zu erreichen suchten, auch durch ihr Beispiel haben sie uns zu jeder Zeit gezeigt, wie man die Pflichten gegen Gott, Eure königliche Majestät und das Vaterland erfüllen soll...."[45]
Das Gesuch wurde dennoch und zwar endgültig abgelehnt. Dagegen wurden keine Einwände gegen den Wunsch erhoben, dass K u n o w s k i die Funktion des Beisitzers übernahm und die neue Städteordnung unter seiner Leitung eingeführt werden sollte. Das Amt des Vorstehers ging stattdessen an den Bäckermeister T h a m m, der dies seit Jahren zum Wohle der Stadt ausgeübt hatte.

Am 12. April 1809 schritt die Versammlung, nachdem man vorher die Bezirksvorsteher ernannt hatte, zur Wahl des neuen Rats. Die Stadtverordneten versammelten sich zu diesem Zweck im Privathaus des Vorstehers T h a m m und begaben sich, etwa morgens gegen 8 Uhr, in einem feierlichen Zuge in das Lokal des Protokollführers H ö h l m a n n. Der Vorsteher eröffnete die Versammlung mit einer dem Zweck der Zusammenkunft angemessenen Rede, in der er die Wichtigkeit des Tages, sowie die Pflichten und Obliegenheiten der Wählenden darlegte. Der Protokollführer richtete einige Worte an die Versammelten bezüglich der Bedeutung dieses Akts. Superintendent K u n o w s k i pries in herzlichen Segens-

---

45 Schmidt, Julius, Geschichte der Stadt Schweidnitz, Bd. 2, S. 345

wünschen für das königliche Haus das Glück der neuen Verfassung.
Und „es kam der feierliche Moment, dessen hohe Bedeutung damals wohl von manchem geahnt, von wenigen recht begriffen wurde, als am Morgen des 14. Nov. 1809 die Glockentöne die durch der Bürger Vertrauen erwählten Ratsmitglieder und die Verordneten der Stadt zu der Weihe in das Heiligtum des Herrn riefen."[46]
„An diesem Tage bewegte sich der Zug der neuen Ratsherren, der Stadtverordneten und der Bezirksvorsteher, von Marschällen geleitet, gegen 9 Uhr zur Dreifaltigkeitskirche, wo der Superintendent G.A. K u n o w s k i eine feierliche Rede hielt. Nach einer Ansprache am Altar vereidigte dann der königliche Kommissarius M ü l l e r den durch das Vertrauen der Mitbürger gewählten Magistrat. Dies war der Auftakt zu einer Neugestaltung des Kommunallebens in Schweidnitz."[47]
In seiner "Geschichte der Stadt Schweidnitz" führt Julius S c h m i d t weiter aus:[48] „Die Stadt Schweidnitz hatte stark unter der feindlichen Einwirkung gelitten. Die Schäden waren beachtlich und brachten die Stadt an den Rand des finanziellen Ruins. Sie hatte über zweihundert beschädigte Häuſer zu beklagen. Die Kommune musste die Verpflegung der feindlichen Garnison übernehmen, ſie hatte weſentliche Dienſte bei Abtragung der Feſtungswerke leiſten müſſen, ihr war nach Zerſtörung derſelben manche andere Laſt, wie die Inſtandhaltung der äußeren Brücken, die früher das Festungswerk hatte bauen laſſen, anheim gefallen." Das Aktiv-Vermögen der Stadt hatte vor Beginn des Krieges über 23.000 Thaler betragen; jetzt litt die Kommune bereits unter einer Schuldenlaſt von etwa 240.000 Talern.
Der Krieg hatte erneut gezeigt, dass die räumliche Konzentration der Stadt auf ihren durch die Festungsmauern begrenzten Kern eine großes Zerstörungspotential beinhaltet.

46 Schmidt, Julius, Geschichte der Stadt Schweidnitz, Bd. 1, 1846, S. 5
47 Schmidt, Julius, Geschichte der Stadt Schweidnitz, Bd. 2, 1848, S. 346
48 a.a.O. S 355 ff.

Vergleichbare Kommunen, die räumlich in der Fläche ausgedehnt waren, traf die Kriegsbelastung in deutlich geringerem Ausmaß. Insofern waren die Überlegungen, die Festung in der bisherigen Form wieder aufzubauen durchaus umstritten. Die Verantwortlichen der Stadt waren von einer Zukunftslösung überzeugt, die dann zum Tragen käme: „Wenn das Territorium der Stadt erweitert, wenn die Zahl der bebauten Grundſtücke und der zu den Communalabgaben Contribuierenden ſich mehrte, wenn nicht die Beengung innerhalb der Grenzen der Feſtung für die Zukunft von Neuem bedrohlich wurde. Man entſchloß ſich mithin, durch ein Immediatsgeſuch an den König die Freigebung (und Erweiterung der Stadt) zu erreichen, und glaubte damit um ſo mehr eilen zu müſſen, da der Landrath Emanuel von W o j k o w s k i im Namen der Stände des Schweidnitzer Kreises an Se. Majeſtät bereits ein Schreiben gerichtet und um Schenkung der Feſtungswerke für die Laſten, welche die Stände getragen haben, gebeten hatte. Obwohl das erſchöpfte Vermögen der Stadt eine möglichſte Beſchränkung der Geldausgaben gebot, ſo ſcheute man für den Zweck einer Geſandtschaft an den damals in Königsberg verweilenden Hof die aufzubringenden Koſten (853 Thaler 12 Sgr.) nicht, und bereits am 6. Juli 1809 trat die aus dem Stadtverordnetenvorſteher T h a m m und den Stadtverordneten Superintendenten K u n o w s k i und H ö h l m a n n beſtehende Deputation ihre Reise nach Königsberg an. Nach neun Tagen (am 15. Juli) erreichten ſie ihren Beſtimmungsort. Nach den Aufzeichnungen, die die mit der Geſandtſchaft Beauftragten uns über ihre im Intereſſe der Kommune aufgewendeten Bemühungen gemacht haben, folgt hier ein etwas ausführlicher Bericht:

Am Ankunftstage meldete T h a m m die Gesandschaft bei dem Geheimen Rat G e r v a i s an, und machten demselben einen Tage später am 16. Juli 1809 ihre Aufwartung. Sie wurden von ihm freundſchaftlich aufgenommen und erhielten ein Billet an Dr. D e l b r ü c k, den Erzieher des Kronprinzen, in dem das Geſuch ausgeſprochen war, den Schweidnitzern zur Förderung ihres Zweckes möglichſt behilflich zu ſein. Am

Nachmittag desselben Tages zog K u n o w s k i bei dem Oberkonſiſtorialrat Dr. W a l d, einem in Königsberg allgemein geachteten Manne, Erkundigung über die damals bei Hofe am meiſten accreditirten Perſonen ein und erfuhr, daß der General-Feldmarſchall Graf von K a l c k r e u t h viel beim Monarchen gelte, der Generallieutenant von K ö c k r i t z aber den meiſten Einfluß habe, und daß außerdem der Generalmajor von S c h a r n h o r ſ t, damaliger Chef des Kriegs-departements, der Geheime Staatsrath von K l e w i t z und der Geheime Ober-Juſtizrath A l b r e c h t, welche letztere beiden wechſelweiſe den Vortrag im königlichen Kabinett hätten, ihnen zu einem günſtigen Erfolge würden verhelfen können. K u n o w s k i erhielt zunächst die Gelegenheit mit einem Empfehlungsschreiben den Staatsrat K l e w i t z aufzusuchen, dem er in einem Gespräch mit lebhaften Farben die traurige Lage der Stadt schilderte. Er erhielt von ihm die Versicherung, dass er sowohl, wenn er dem König darüber vortragen sollte, als auch in der Folge, wenn die Bürgerschaft von Schweidnitz sich veranlasst fühlen sollte, die Bitte schriftlich zu wiederholen, in Ihrem Interesse handeln werde. Von Dr. D e l b r ü c k wurden sie gleichfalls sehr freundlich aufgenommen und erhielten von ihm eine Empfehlung an den Generalleutnant von K ö c k r i t z verbunden mit der Äußerung, dass der König ihr Gesuch gewiss gnädig aufnehmen würde, da er den Schlesiern besonders zugetan wäre. Den Generalleutnant von K ö c k r i t z und den Kabinettsrat A l b r e c h t suchten die Abgesandten nun in ihr Interesse zu ziehen, und nicht ungünstig waren die Aussichten, die Ihnen für die Realisierung des Besuches der Kommune eröffnet wurden. Nachdem sie am 19. Juli 1809 des Morgens um 7 Uhr von Dr. D e l b r ü c k dem Kronprinzen vorgestellt waren, der gegen sie den lebhaften Wunsch aussprach, einmal das schlesische Gebirge zu sehen, wurden sie um 10 Uhr vor den König, bei dem v. K ö c k r i t z ihre Ankunft gemeldet hatte, geladen.

Mit huldvollster Freundlichkeit empfing sie F r i e d r i c h W i l h e l m I I I. und pflegte mit ihnen ungefähr eine halbe Stunde eine Unterhaltung, deren Hauptinhalt etwa folgender war:[49]

Der M o n a r c h: „Wie ich höre, kommen sie aus Schweidnitz."

K u n o w s k i: „Ja, Ew. Majestät!"

Der M o n a r c h: „Ich freue mich wieder einmal jemand aus Schlesien zu sehen."

K u n o w s k i: „Es ist der schönste Augenblick unseres Lebens. Er gibt uns die Erlaubnis, Ew. Majestät im Namen Ihrer getreuen Stadt Schweidnitz den ehrfurchtvollsten Dank für die neue Verfassung zu Füßen zu legen, die sie den Städten Ihres Reiches zu geben geruht haben."

Der M o n a r c h: „Also ist die neue Ordnung schon bei ihnen eingeführt, und ist jeder in seiner neuen Funktion?"

K u n o w s k i: „Ja, Ew. Majestät, schon seit einem Monat."

Der M o n a r c h: „Ist man mit dieser Einrichtung zufrieden?"

K u n o w s k i: „Vollkommen, Ew. Majestät. Wenn irgend etwas fähig ist, den Mut und die Hoffnungen ihrer getreuen Bürger von Neuem zu beleben, so ist es das Glück, noch unter Ew. Majestät beglückendem Zepter zu stehen, und dann die neue Verfassung, die Sie uns gegeben haben."

Der M o n a r c h: „Ich habe dadurch das Beste der Städte bezwecken wollen, und es ist mir lieb, wenn ich meine Absicht erreicht sehe. "

T h a m m: „Ew. Majestät kann ich versichern, dass die neue Einrichtung mit allgemeinem Enthusiasmus aufgenommen worden ist, und dass seit dieser Zeit ein neuer Geist die Bürger belebt."

K u n o w s k i : „Wäre es möglich, die innigen Gefühle der Ehrfurcht und treusten Anhänglichkeit an Ew. Majestät geheiligte Person noch zu erhöhen, so würden es die Beweise Ihrer Gnade und Landesverteidigungs-Fürsorge sein, die sie dadurch ihren Untertanen gegeben haben."

Der M o n a r c h: „Ich weiß, dass es in Schlesien viele gute Menschen gibt, die sich durch Treue, Anhänglichkeit und Liebe gegen mein Haus auszeichnen."

H ü l l m a n n: „Ew. Majestät können sich davon gewiss

49 Schmidt, Julius, a.a.O. S, 357 ff.

versichert halten."
Der M o n a r c h: „Wer sind sie denn eigentlich?"
Nachdem die Abgeordneten dies beantwortet hatten, stellte der König mehrere Fragen über K u n o w s k i s Dienstzeit, erkundigte sich, wann sie abgereist, und wann sie angekommen wären, und fuhr dann fort:
Der M o n a r c h: „Sie haben noch ein anderes Gesuch an mich, von dem ich bereits unterrichtet bin wegen der Festungswerke in Schweidnitz."
K u n o w s k i: „Ja, Ew. Majestät, wir wagen es, Ihnen im Namen unserer Mitbürger, diese sich darauf beziehend, alle untertänigster Vorstellung zu überreichen, aber wir würden uns noch nicht erdreistet haben, Sie Ew. Majestät schon jetzt ehrerbietig zu Füßen zu legen, wenn wir nicht erfahren hätten, dass ein Teil der Stände des Schweidnitzischen Kreises uns mit eben diesem Gesuch bereits zuvorgekommen wäre. Außerdem hat unsere arme Stadt so viel gelitten, dass der Drang der Umstände uns diese Bitte an das Vaterherz Ew. Majestät gewissermaßen abgenötigt hat. Das ehemalige Aktivvermögen der Stadt ist gänzlich erschöpft, und sie seufzt unter einer Schuldenlast von beinahe 240.000 Talern."
Der M o n a r c h: „Es ist mir bekannt, dass Schweidnitz hart mitgenommen worden ist; allein definitiv kann ich über Ihr Gesuch für jetzt noch nicht entscheiden, da ich nicht weiß, was die Umstände fordern dürften. Doch was ich für die gute Stadt Schweidnitz tun kann, würde ich sehr gern tun, da sie so viel gelitten hat. Versichern Sie dies ihren Kommittenten.
Es ist mir angezeigt worden, dass die Minengänge noch ganz unbeschädigt wären."
K u n o w s k i: „Es ist möglich, Ew. Majestät. Allein wenigstens sind die Eingänge alle zerstört, gequetscht, und das Wasser ist überall eingedrungen, wie Ew. Majestät auch der Obrist G n e i s e n a u angezeigt haben wird."
Der M o n a r c h: „Ist denn viel Schaden an den Häusern geschehen? "
K u n o w s k i: „Ungefähr 200 sind mehr oder weniger beschädigt worden."
Der M o n a r c h: „Also doch soviel?"

H ü t t m a n n: „Ja, Ew. Majestät; doch dieser Schaden wäre noch zu übersehen gewesen, aber die Not der Stadt fing erst nach der Übergabe an."
Der M o n a r c h: „Freilich ist Schweidnitz etwas schnell übergeben worden."
K u n o w s k i: „Auch uns war nichts unerwarteter und schmerzlicher, als dies Ereignis, da wir gewiss glaubten, dass sich Schweidnitz wenigstens so viel Monate halten würde, als es sich Tage hielt."
Der M o n a r c h: „Ich bin überzeugt, dass der größte Teil der Bürgerschaft damit nicht zufrieden gewesen ist."
K u n o w s k i: „Ich glaube, es verbürgen zu dürfen, dass sich nicht ein einziger Bewohner in unserer Stadt fand, der nicht darüber erstaunt gewesen wäre."
T h a m m: „Es fehlte an Nichts in der Festung, und die Garnison hatte den besten Willen."
K u n o w s k i: „Eben dies, Ew. Majestät, Geld auch von der Bürgerschaft."
H ü t t m a n n: „Besonders war die Stadt mit Lebensmitteln hinlänglich versehen."
T h a m m: „Auch erfuhr niemand, selbst kein Stabsoffizier, etwas von der Übergabe, bis die Kapitulation beschlossen war. Mit unserem Pulver haben sie die Festungswerke gesprengt und Neisse belagert."
Der M o n a r c h: „Es ist wahr, meine Erwartungen sind sehr getäuscht worden."
Wehmütige Gefühle schienen den König zu beschleichen, sinnend hielt er inne. Nach einer Pause nahm er die Rede wieder auf, und lenkte auf einen anderen Gegenstand über. Er gab den Deputierten die Versicherung, dass er für Schweidnitz alles tun werde, was in seiner Macht stehe.
„Eure Majestät haben uns", entgegnete K u n o w s k i , „diesen Tag unvergesslich gemacht. Mit unbegrenztem Vertrauen legen wir das Wohl unserer Stadt in die Hände unseres Vaters und empfehlen Sie Ihrer landesväterlichen Huld und Gnade."
„Der Generallieutenant v. K ö c k r i t z, der dieſer Unterredung mit beigewohnt hatte, begleitete die Schweidnitzer bis ins Vorzimmer und ließ ihnen gegenüber einige Äußerungen

verlauten, aus denen sie nicht ohne Grund die Erfüllung des von der Commune vorgebrachten Gefuchs folgerten. Viele angefehene Perfonen wußten die Abgefandten in ihr Intereffe zu ziehen, namentlich den Generalmajor von Scharnhorft, der fich forgfältig nach allen Einzelheiten, die bei der Entfcheidung über diefe Frage in Betracht kamen, erkundigte, und den General-Feldmarfchall v. Kalckreuth." Beide äußerten sich sehr günstig für die Sache der Schweidnitzer.
Den Deputierten wurde an die Hand gegeben, das Gesuch später noch einmal schriftlich einzureichen, obwohl bemerkt wurde, dass die Anlegenheit erst nach einem völligem Frieden entschieden werden dürfte. Nachdem sie später auch bei der Königin Luise vorgelassen worden waren und die für sie und ihre Kinder zum Geschenk mitgebrachten Handschuhe überreicht hatten, welche die Landesmutter, sich des früheren Geschenks vom Jahre 1800 erinnernd, huldvoll annahm, reisten sie, als sie nochmals ihre Sache den hochgestellten Personen dringend empfohlen hatten, in der Nacht vom 23. auf den 24. Juli 1809 von Königsberg ab.

Der Aufforderung entsprechend, ein schriftliches Gesuch an den König nachzureichen, kam die Schweidnitzer Abordnung kurz darauf mit folgendem Schreiben nach: „Die landesväterliche Huld, womit Ew. Majestät geruhen, allerhöchst Ihre Staaten das Unglück der letzt vergangenen Jahre vergessen zu machen und dem tief gesunkenen Wohlstande wieder aufzuhelfen, umfaßt auch Höchstdero städtische Unterthanen und spricht sich deutlich in der bereits zur Ausführung gebrachten neuen Städteordnung aus. Sie legt uns die angenehme Verpflichtung auf, Allerhöchstderselben unsern ehrfurchtsvollen Dank zu Füßen zu legen, fesselt uns die mit aufgelösten Banden an Ew. Majestät durchlauchtigste Familie und berechtigt uns zu dem Vertrauen, daß unsere bescheidenen Wünsche und alleruntertänigsten Bitten immer ein huldreiches Gehör bei Ew. Majestät finden werden.
Wenn nun durch eine offizielle Anzeige des Landrats v. Wojkowski an den hiesigen Magistrat zum größten Erstaunen aller unserer Mitbürger bekannt geworden, daß die

Stände des Schweidnitzer Kreises bei Ew. Majestät (auf eine unerklärliche Weise) die Schenkung der hiesigen demolierten Festungswerke nachgesucht hätten, um für ihre (angeblich) bedeutenden Kriegskosten eine Entschädigung zu erlangen, so sehen wir uns als Repräsentanten der Bürgerschaft, denen die Wahrnehmung des Besten der Communität übertragen und alle Versuche zu ihrer Rettung aus einem höchst traurigen Zustande zu einer heiligen Pflicht gemacht werden, auf das Dringenste veranlasst, uns dem Throne Ew. Majestät durch bevollmächtigte Deputierte ehrerbietigst zu nahen und in Allerhöchst Ihrer anerkannten Gerechtigkeitsliebe Schutz gegen die Anmaßungen der Stände zu suchen, welche aus dem Begehren eines solchen Gnadengeschenkes hervorgehen und nichts anderes bezwecken, als dasselbe unserer höchst bedürftigen Stadt zu entreißen.
Es liegt am Tage, dass die Stadt Schweidnitz von dem Augenblicke der feindlichen Okkupation an bis zum Abmarsch der französischen Truppen verhältnismäßig weit mehr gelitten habe, als die Landschaft rings umher, da sie außer einer ansehnlichen Besatzung von den zahlreichsten Durchmärschen, dem häufigsten Aufenthalt hoher Offiziere und mit Lieferungen und Requisitionen aller Art auf das Empfindlichste heimgesucht worden.
Der größte Teil der Bürger ist durch die Kosten einer nie zu befriedigenden Einquartierung während eines so bedeutenden Zeitraumes erschöpft, bis zur Dürftigkeit herabgebracht und unsere Kämmerei mit einer Schuldenlast von 239.653 Reichstalern überhäuft worden. Eine allgemeine Nahrlosigkeit (Gegenteil von „Nahrhaftigkeit", A.d.V.), welche notwendig als eine Stockung aller Gewerbe und alles Handels entspringen muß, und die dennoch erforderliche Aufbringung so vieler nachträglicher Kosten bei den fortlaufenden gewöhnlichen Ausgaben machen es unmöglich, die Creditores der contrahierten städtischen Schulden zu befriedigen und die fälligen Interessen zu bezahlen. Dagegen bleiben den Gutsbesitzern die unbeschränkten Mittel ihre unentbehrlichen Produkte überall abzusetzen, sie dem erhöhten Geldkurse überall anzupassen und sich dadurch für die erlittenen Verluste

wieder entschädigen zu können. Überdies hat Schweidnitz allein ohne die geleisteten Handdienste (verpflichtende Gemeindedienste) zur Demolierung der hiesigen Festungswerke 14.184 rtl. beitragen müssen, indeß die Landschaft nur zu jenen angehalten worden ist. Auch sind bekanntermaßen die ehemaligen Forts auf städtischem Grund und Boden erbaut worden und die bürgerlichen Eigentümer durch ein beliebiges und leicht zu eruierendes Quantum entschädigt worden.
Aus diesen angeführten Gründen wagen wir es, Ew. Majestät alleruntertänigst anzuflehen: „Im Fall die diesigen demolierten Festungswerke nicht wiederhergestellt werden sollten, auf den zerrütteten Zustand unserer Stadt huldreichst Rücksicht zu nehmen und aus landesväterlicher Gnade sie durch eine königliche Schenkung der einst besessenen Grundstücke von einem Teil ihrer drückenden und unerschwinglichen Schuldenlast zu befreien. Nie war uns ein Opfer zu groß, das wir nicht willig dargebracht hätten, um uns die völkerbeglückende Regierung Ew. Majestät zu erhalten, und feuriger und treuer können keine Herzen für Allerhöchstdieselben schlagen, als die unsrigen. Desto zuversichtlicher dürfen wir auch hoffen, von dem allgeliebten Vater des Vaterlandes in unsern bedrängten Umständen gehört und nach Möglichkeit unterstützt zu werden. In den Jahrbüchern unserer Stadt soll der Name Ew. Majestät als unseres großmütigsten Erretters aufgezeichnet und zur dankbaren Erinnerung auf die spätesten Nachkommen übertragen werden.
Mit der tiefsten Devotion ersterben wir Ew. Königl. Majestät alleruntertänigst:

Der Magistrat und die Stadtverordneten"[50]

Der Besorgnis der Schweidnitzer, dass die Vertreter des Kreises durch ihr Gesuch den Erfolg ihrer Bemühungen vereiteln würden, trat der König mit folgender am 24. Juli 1809 in Königsberg noch am Tage der Abreise der Schweidnitzer Abordnung verfassten Order entgegen: „Se. Königl. Majestät

---

50 Schmidt, Julius, Geschichte der Stadt Schweidnitz, a.a.O. S. 361

eröffnen dem Magistrat und den Stadtverordneten auf die Vorstellung vom 4. d.M., dass Allerhöchstdieselben über die Festungswerke von Schweidnitz erst in der Folge beschließen werden, darüber aber auch nie zu einem anderen Zwecke disponiert haben würden, ohne dabei auch das Interesse ihrer guten Stadt Schweidnitz zu berücksichtigen. Se. Majestät haben deshalb schon das frühere Gesuch des Schweidnitzer Kreises und jetzt auch den Wunsch der Stadt der Regierung zu Breslau zum Bericht und Gutachten mitgeteilt. Gern geben Se. Majestät den Stadtverordneten und dem Magistrat diese vorläufige Beruhigung.

Friedrich Wilhelm."[51]

Anfang 1811 wandte sich der Magistrat der Stadt angesichts der unveränderten Notlage erneut an den König, der inzwischen nach Berlin zurückgekehrt war. Sie entsprachen damit dem Rat des Königs, ihre Petition erneut an die zuständigen Institutionen zu richten. Sie wiesen in weiteren Bittschreiben an General S c h a r n h o r s t und Staatskanzler v. H a r d e n b e r g erneut darauf hin, dass die Notlage der Stadt unverändert bestehe. Es vergingen weitere Monate, bis auf die Vermittlung von H a r d e n b e r g eine entscheidende Änderung zum Wohl der Schweidnitzer Bürgerschaft eintrat. Am 9. Juli 1812 erließ der König an H a r d e n b e r g[52] zur weiteren Verfügung an die Regierung in Breslau folgende Order: „Obgleich die jetzigen Zeitumstände die Wiederherstellung der Schweidnitzer Festungswerke ganz unnötig machen, so erlauben doch die gegenwärtigen anderweitigen Bedürfnisse nicht, die zu deren gänzlicher

51 Schmidt, Julius, Schlesische Provinzialblätter, Bd 25, 1874, S. 229

52 Am Rande sei erwähnt, dass Georg August Kunowskis ältester Georg Karl Friedrich anlässlich des Todes von Hardenberg 10 Jahre später für die Regelung von dessen Erbangelegenheiten zuständig war. Siehe die Handakten des Justizkommissars K u n o w s k i zu Berlin über die Testamentseröffnung und die Regelung der Nachlassangelegenheiten des Staatskanzlers Carl August Fürst von H a r d e n b e r g; 1822-1843 (Akte)

Demolierung erforderliche Summe aus dem Staatsfonds herzugeben, und ebenso wenig lassen sich solche von der ohnehin von der sehr erschöpften dasigen Stadtcommune erwarten. Ich habe daher beschlossen, dass gedachte Festungswerke in ihrer gegenwärtigen Verfassung bleiben und der Bürgerschaft von jetzt an zur einstweiligen unentgeltlichen Benutzung überlassen werden sollen, mit der Verbindlichkeit jedoch, dass die Bürgerschaft sowohl die in Hinsicht auf das Accise-Interesse nötige Instandhaltung des Festungsgrabens, als auch die in polizeilicher Rücksicht zur Verhütung aller Gefahren erforderlichen Einrichtungen an den Werken auf ihre Kosten übernehmen muß.(...)

Friedrich Wilhelm"[53]

6.2. Das Schulinspektorat

Die Friedenskirche in Schweidnitz war Mittelpunkt des größten Kirchensprengels in Schlesien, dem noch weitere dreißig eingepfarrte Gemeinden angehörten. Hier wirkte K u n o w s k i als Pastor Primarius und hatte zugleich seit seinem Amtsantritt das Inspektorat an den öffentlichen evangelischen Schulen der Fürstentümer Schweidnitz inne. Er übte damit einen nicht unbedeutendem Einfluss auf die dortigen Schulverhältnisse aus. [54]

K u n o w s k i war maßgebend an der Errichtung des ersten Lehrerseminars in Breslau beteiligt. Als Ephorus des Gymnasiums zu Schweidnitz wirkte er dahin, auch den Einsatz von Realien im Unterricht eine angemessene Rolle beizumessen. Unter seiner Leitung entwarf das Schulpräsidium zusammen mit dem ersten Präses, ab 1799 in der Person des Regierungskommissars und Stadtsyndikus B e r g e r, und unter Hinzuziehung aller Lehrkräfte einen völlig neuen

---

53 Schmidt, Julius, Geschichte der Stadt Schweidnitz, Bd. 2., a.a.O. S. 366

54 Baege, Max, Das Gymnasium zu Schweidnitz mit seiner geschichtlichen Entwicklung von der Gründung bis 1830, Festschrift zur 200-jährigen Jubiläumsfeier, Schweidnitz, 1908 a.a.O. S. 70

Lehrplan. Dieser trat 1799 in Kraft, im ersten Amtsjahr des Rektors F.C. S c h u l z.
„Der neue Lehrplan spiegelte in mancher Beziehung den Einfluss der Anschauungen über reale Bildung, insbesondere die von K u n o w s k i, wider. Es ist bemerkenswert, dass zwei Geistliche, vorher T i e d e und jetzt K u n o w s k i , gegenüber den Rektoren die Verfechter der modernen Gedanken waren. Änderungen gab es vor allem in der äußeren Verfassung der Schulen."[55] Es wurden neue Lehrpläne mit Schwerpunkt auf Religion und Latein eingeführt. Die Unterrichtsdauer wurde gesetzlich geregelt, u.a. mehr.

G. A. K u n o w s k i hatte bereits 1796 in einer vielbeachteten Schrift seine Auffassungen zur Kindererziehung dargelegt.[56] Sein Ziel war eine Modernisierung des Bildungswesens. Nach seiner Auffassung wurde bei den bisher angewandten Lehrmethoden entweder bei den Kindern zu viel an bereits vorhandenem Wissen vorausgesetzt oder sie sorgen zu wenig für die Bildung ihres Verstandes. Ihm schwebte eine Änderung in den bisherigen didaktischen Methoden vor, wobei die Vermittlung des Lehrstoffs in sog. Sokratischen Gesprächen der antiken Tradition entsprechend erfolgen soll. Statt des einseitigen Vortrags durch den Lehrenden favorisierte er den Dialog zwischen Lehrern und Schülern, in dem der jeweilige Lehrstoff durch Fragen und Antworten vermittelt wird.
K u n o w s k i zitierte in diesem Zusammenhang eine Schrift von G r ä f f e[57], dessen Lektüre er dem Leser empfahl. Der Autor dieser Schrift merkte seinerseits in seiner Rezension[58]

55 Baege, Max,....a.a.O. S. 70
56 Kunowski, Georg August,Versuch einer faßlichen Darstellung aller Glaubens- und Sittenlehren nach Sokratischer Methode, Beuthen 1796
57 Gräffe, Johann Friedrich Christoph, Doctors der Theologie und Philosophie und Pastors an der St. Nicolai-Kirche zu Göttingen, Vollständiges Lehrbuch der allgemeinen Katechetik nach Kantischen Grundsätzen zum Gebrauche akademischer Vorlesungen, **Göttingen 1797**
58 Katechetifches Journal. IV, Celle 1797, Bd. 4, S. 126 ff.

über Kunowskis Abhandlung an:
„Die Leser werden, wenn sie diese katechetiſche Arbeit des Herrn K u n o w s k i genauer kennen lernen, mit dem Recensenten zürnen, daß er ſie nicht früher mit einem Schriftsteller bekannt machte, der es doch ſo ſehr verdient, vor andern bemerkt zu werden. Rec. (der Rezensent) muß es hier gleich im Anfange ſagen, daß dieſe Arbeit des Herrn K u n o w s k i unter die beſten Schriften gehört, die wir in dieſer Art beſitzen. Die offenbarſten Beweiſe werden dies außer allen Zweifel ſetzen. Viele Verfaſſer, die uns ihre Katechiſationen mitteilten, ſetzten ſolche Kinder voraus, die ſchon im Denken geübt, und mit manchen Vorkenntniſſen bereichert ſind. (...) Mit dieſem Vorzuge verbinden die Katechiſationen des Hrn. K u n o w s k i noch die Eigenſchaft, daß ſie dem ungeachtet auch für fähigere Kinder paſſend bleiben, und auch ihnen zur Schärfung des Verſtandes, und zur Bildung des Herzens dienen. Schon aus dieſem einzige Umſtande, da die Unterredungen des Herrn K. für fähigere und für unfähigere, für vollkommnere und für unvollkommnere Kinder gleich nützlich ſind, kann man im Voraus den Schluß ziehen, daß die Arbeit des Hrn. K u n o w s k i meiſterhaft ſeyn müſſe; auf eben die Weiſe wie Rec. glaubt, daß die Predigten die beſten ſind, die ſo angelegt und ausgeführt wurden, daß ſie den Gelehrten und den Ungelehrten, die gebildeten und die ungebildeten Stände mit gleichem Intereſſe beſchäftigen und erbauen."

Wenig dagegen hielt der junge G o e t h e von der kathechetischen Methode, und äußerte sich hierüber 1776 in einem Gedicht amüsiert:

„Katechisation

Lehrer

Bedenk, o Kind! woher sind diese Gaben?

Du kannst nichts von dir selber haben.

Kind

Ei! alles hab ich vom Papa.

Lehrer

Und der, woher hat's der?

Kind

Vom Großpapa.

Lehrer

Nicht doch! Woher hat's denn der Großpapa bekommen?

Kind

Der hat's genommen."[59]

In die Zeit der Belagerung von Schweidnitz durch Napoleons Truppen fiel der einhundertste Jahrestag der Gründung der öffentlichen evangelischen Schulen. Die Feier dieses Ereignisses verschob man in friedlichere Zeiten sowie eine angenehmere Jahreszeit und wählte hierfür den 7./8. Juni 1809. Der zuständige Rektor H a l b k a r t ließ für diesen Anlass eine Schrift mit allen gehaltenen Reden und Festliedern veröffentlichen[60]; Johann Benjamin B e c k e r, erster Kollege, gab als Festschrift die „Geschichte des Lyceums" heraus. Die Festlichkeiten zum Schuljubiläum begannen am 7. Juni bereits morgens um vier Uhr mit Chorgesängen und wurden im Hörsaal der Prima mit Reden und Gedichten in deutscher Sprache fortgesetzt. Nach dem Festakt in der Schule begaben sich die geladenen Gäste, unter ihnen die nach der neuen Städteordnung gewählten Stadt- und Bezirksvorsteher, der Magistrat sowie sonstige geladene Gäste in einer feierlichen Prozession zur Friedenskirche. Der Weg dorthin war mit Frühlingsblumen bestreut. Schülerinnen in weißen Gewändern

59 Böhlau, H., Goethes Werke Bd. 55, S. 615

60 Kurze Darstellung des jetzigen Zustandes des Lyceums zu Schweidnitz : Womit zu der hundertjährigen Jubelfeier dieser Schule ehrerbietigst einladet / K. W. Halbkart, Professor und Rector des Lyceums. Person: Halbkart, Carl Wilhelm

bildeten Spalier und warfen der vorbeiziehenden Menge Blumen entgegen, die sich in der Kirche zu einer Fortsetzung der Feierlichkeiten versammelte. B a e g e schreibt in seiner Festschrift zum 200-jährigen Bestehen der Schule: „In der dicht gefüllten Kirche hielt der Superintendent K u n o w s k i mit der ganzen mächtigen Gewalt seiner Persönlichkeit eine ergreifende Predigt unter Zugrundelegung von 1. Chron. 17, 8-12 (Danket dem Herrn . . . Gedenket seiner Wunder, die er getan hat, seiner Wunder und seines Worts) über den Gesichtspunkt, aus dem wir die Schule anzusehen hatten, einmal als ein rührendes Denkmal der über unserer Stadt waltenden besonderen Fürsorge Gottes, zweitens als einen ehrwürdigen Gegenstand unserer dankbarsten Achtung und unserer wohltätigen Liebe".[61]
Im Anschluss an die Festlichkeit in der Friedenskirche war ein Festessen mit über hundert Personen anberaumt. Der darauf folgende Tag stand der Jugend für Feierlichkeiten zur Verfügung. Der insgesamt harmonische und erfolgreiche Verlauf der Einhundertjahresfeier konnten nicht darüber hinwegtäuschen, dass zwischen dem amtierenden Rektor H a l b k a r t und der Schulleitung erhebliche Meinungsverschiedenheiten aufgetreten waren. Die Bestrebungen der Schule, dem Fach Griechisch vor dem Hintergrund des aufkeimenden Humanismus größere Bedeutung beizumessen, stießen bei der Kirchenleitung auf Widerstand.
Zwischen K u n o w s k i, der aus Gründen der besseren Verständlichkeit einer stärkeren Verwendung der deutschen Sprache das Wort redete, und H a l b k a r t kam es deshalb zum offenen Streit. Die Pläne des Rektors wurden verworfen, zugleich damit auch die Absicht der Schulleitung, die Züchtigung von Schülern im Ausnahmefall mithilfe der Rute als ein Mittel der Bestrafung anzuwenden. Endlich scheiterten H a l b k a r ts Vorschläge, das bestehende Campe'sche Wörterbuch abzuschaffen, am Veto der Schulleitung. Verärgert

61 Baege, Max, Das Gymnasium zu Schweidnitz in seiner geschichtlichen Entwicklung, von der Gründung bis 1830, Festschrift zur 200-jährigen Feier, 1908, S. 81

hierüber suchte der Rektor nicht den Ausgleich und Kompromiss mit seinen Vorgesetzten, sondern wandte sich an den König und scheiterte zunächst erwartungsgemäß.

6.3. Engagement im Wohltätigkeitsbereich

Ein wesentliches Verdienst erwarb sich K u n o w s k i durch die im Jahre 1802 zuerst in Schlesien gegründete Versorgungsanstalt für Schullehrer-Witwen und -Waisen, die unter seiner Leitung gute Fortschritte machte.[62]
Zu seinem Kirchensprengel gehörte die Gemeinde Wüstewaltersdorf. Hier wurde ein Waisenhaus durch den begüterten Bürger und Kaufmann Gottfried S e y l e r errichtet. Dieser, selbst kinderlos, erwarb mit seiner Frau im Jahre 1805 zu diesem Zweck ein Gebäude innerhalb des Ortes, musste allerdings weitere Arbeiten an diesem Projekt wegen der einsetzenden napoleonischen Kriegseinwirkungen ruhen lassen. Danach wurden die Arbeiten wieder aufgenommen. Die Fertigstellung des Waisenhauses, das die Unterbringung, Erziehung und Versorgung verwaister Kinder vorsah, erfolgte erst gegen Ende des Jahres 1810. Am 20. Januar 1811 wurde das Waisenhaus zunächst mit fünf Kindern eröffnet. Am 11. Juni 1811 fand unter Mitwirkung des Superintendenten K u n o w s k i die feierliche Einweihung des Hauses statt, anlässlich derer er die „Predigt bei der feierlichen Einweihung des von Gottfried S e y l e r zu Wüstewaltersdorf gestifteten Waisenhauses“[63] hielt. An diesem Tage waren bereits 10 Waisen in dem Hause untergebracht. Zur Zeit des 100-jährigen Jubiläums hatten bereits 425 Waisen hier eine Unterkunft erhalten.[64]

62 Allgemeine Kirchenzeitung, Bd. 18, Nr. 22, Donnerstag, den 7. Februar 1839, S. 179

63 Als Druck herausgegeben, Schweidnitz 1812

64 Chronik des Wüstewalder Heimatboten, Nr. 11, 2015

6.4. Die Generalsynode Schlesien

Im Jahre 1819 leitete Georg August K u n o w s k i die General-Synode Schlesien, die in Schweidnitz tagte. Zu dieser waren ausschließlich Superintendenten zugelassen. Der Hauptzweck derselben war der Zusammenschluss der lutherischen und reformierten Kirche mit Schwerpunkt auf mehreren Feldern, wie etwa die künftige Synodalverfassung. Statuten für die Vereinigung der beiden Professionen wurde hier lt. Familiennachrichten mit Kunowskis Einwirkung den Vorgaben entsprechend in Angriff genommen. Allerdings wurden die Ergebnisse dieser Synode nicht umgesetzt, weil F r i e d r i c h W i l h e l m III. anordnete, die Belange der evangelischen Kirchen weiterhin durch Anordnungen der preußischen Verwaltung regeln zu lassen. Schon mehrere Preußenkönige hatten sich zuvor um den Zusammenschluss beider protestantischer Kirchen bemüht, waren jedoch im wesentlichen an dem Widerstand der lutheranischen Konfession gescheitert.

7. Die späten Jahre

7.1. 50-jähriges Berufs-Jubiläum

Am 23.01.1831 verstarb der langjährige zuletzt emeritierte Archidiakon David Samuel M e n z e l. Am Sonntag, dem 13.02.1831, hielt K u n o w s k i aus diesem Anlass eine Predigt über Lucas 18. V. 31-43.: „Die dritte Ankündigung von Jesu Leiden und Auferstehung".

„Am 1. August 1832 hatte er", so wird in den Familiennachrichten 1934 berichtet, „den tiefen Schmerz, seine geliebte und treue Gattin zu verlieren. Sie war immer gesund und frisch gewesen, da raffte sie die damals grassierende Cholera-Epidemie im Alter von 69 Jahren dahin."[65] Danach übernahm seine 43 jährige und älteste unverheiratete Tochter Sophie den Haushalt des Vaters. Die jüngere, ebenfalls unverheiratete

65 Familiennachrichten Kunowski (unveröff.), 1.Quart. 1934, S. 12

Tochter Auguste half, zu der Zeit sechsunddreißigjährig, im Haushalt des noch jüngeren Bruders Carl, seines Zeichens Syndikus der Stadt Schweidnitz.
Zwei Jahre später, am 2. August 1834 feierte Georg August Kunowski sein 50-jähriges Amtsjubiläum, anlässlich dessen er von Friedrich Wilhelm III. den roten Adlerorden dritter Klasse mit Schleife verliehen bekam.[66] „Bei dieser Feierlichkeit erhielt er viele Beweise der Achtung und Anhänglichkeit. Ein General-Superintendent, 3 Superintendenten, 30 evangelische und 3 katholische Geistliche nahmen an der Feier teil und legten segnend die Hände auf das Haupt des Jubilars, der dann mit der ihm eigenen Kraft der Beredsamkeit die Jubelpredigt hielt. Selbst die Nonnen der Ursulinerinnen des Klosters Schweidnitz legten ihre Teilnahme durch Überreichung einer mit ihrer Handarbeit geschmückten Votiv-Tafel dar."
Zu seinem 50-jährigen Amtsjubiläum hatte ihm das Lehrer-Collegium des Gymnasiums mit einer Festschrift gratuliert, die Dr. Held, der Rektor an der evangelischen Schule in Schweidnitz herausgab. Sie war in lateinischer Sprache abgefasst mit dem Titel „de Salejo Basso poeta" und mit einer Widmung an den dem heiligsten, gelehrtesten und beredtsamsten GEORGIO AUGUSTO KUNOWSKIO, Superintendent des Sprengels sowie Pastor Primario, Schulinspektor und Träger des Roten Adlerordens. Saleius Bassus war ein römischer Poet zur Zeit des Kaisers Vespasian. Am Ende der Festschrift findet sich eine kurze in lat. Sprache abgefasste Laudatio für den Jubilar:
„Paucis profecto mortalium senectutem concessere fata: paucissimis senectutem honorificam, qualis Tibi, Vir summopere venerande, obtigit. Per longam annorum seriem Patriae plus uno nomine Tu profuisti. Religionis cultorem sanctissimum, doctissimum, eloquentissimum Ecclesia Te experta est et in maxima Tua eruditione ac summo Studio Tuo Litterae praesidium gravissimum habuerunt. Per octo fere lustra ex Tua Sapientia et Cura plane paterna Scholis et in

66 Jenaer Allgemeine Zeitung, Nr. 21, August 1834, S. 162

primis Gymnasio nostro immensa acciderunt commoda et beneficia.
Itaque Tibi, Vir summis prosequende laudibus, quem ut fautorem ut adiutorem ut patrem una cum alumnis nostris nos praeceptores colimus, diligimus, Tibi, quem Cives ut singulare morum probitatis ac vitae simplicitatis exemplum, ut decus non Urbis tantum, sed totius patriae suspiciunt, Tibi, cuius merita fidemque Ipsi probatam Rex Potentissimus ac Clementissimus prae ceteris multis honestare non dedignatus est, Tibi, Vir veneratione summa dignissime, ut multi etiam nunc supersint anni, per quos Te bona fruentem valetudine et mentis tranquillitate vultusque hilaritate conspicuum nobiscum versantem admiremur, faxit Deus optimus, maximus!“

Die Diözese Schweidnitz schenkte ihrem Jubilar einen silbernen Becher mit dem Kunowskischen Wappen.[67] Auf der Rückseite des Pokals waren die Worte des Propheten Daniel, XII 3 eingraviert: „Und die Verständigen werden leuchten wie des Himmels Glanz". Am Fuß des Pokals befand sich folgende Widmung: Dem Superintendenten und past. Prim. Kunowski am 2t, April 1934.
Das evangelische Kirchen Collegium zu Schweidnitz.“

In den Familiennachrichten finden sich hierzu noch folgende Erläuterungen: „Auf dem Deckel des Pokals befindet sich ein Engel. Der eine Fuß steht etwas erhoben und leicht vorgesetzt auf einer niedrigen Stufe. Ein Tuch liegt um seiner Schulter. Unter dem linken Arm hält er ein Buch, in der rechten Hand, nach vorn gestreckt, einen fackelähnlichen Stab mit zwei kleinen Flügeln auf dem Rücken und gelocktem Haar.[68]“

---

67 Einzelheiten sind den Kunowski'schen Familiennachrichten entnommen. Ein kurzer Hinweis findet sich bei Goguel, Eduard, Geschichtliche Denkschrift, a.a.O.: Kunowski „erhielt von dem Kirchenkollegium einen wertvollen silbernen Kelch". Der Autor verweist auf das im Archiv der Friedenskirche Schweidnitz über die Jubelfeier vorhandene Aktenstück.

68 Familienaufzeichnungen des Georg Eduard von Kunowski, Sohn von Georg August, S. 18

Nach K u n o w s k i s Tod erbte sein erster Sohn, der Berliner Justizrat Georg Karl Friedrich, den Becher. 1934 war er gemäß Familiennachrichten noch im Besitz von dessen Urenkel Dr. med. Erich Kunowski, Berlin-Zehlendorf, dem Großvater des Autors dieser Schrift. Seit dem zweiten Weltkrieg ist über den Verbleib des Bechers nichts bekannt.

Nach den Kunowskischen Familienunterlagen soll sich ein Ölgemälde (Öl auf Leinwand, 101 x 80,5 cm) von Georg August K u n o w s k i ursprünglich in der Sakristei befunden haben. Dies ist nach telefonischer Mitteilung der Schweidnitzer Kirchenverwaltung auch noch heute unversehrt, aber in restaurierungsbedürftigen Zustand, im Besitz der Kirche. In den Familienunterlagen, verfügbar im Deutschen Adelsarchiv in Marburg, befindet sich die hier abgebildete Schwarzweiß-Photographie des K u n o w s k i-Porträts. Er wird hier als Mittfünfziger (d.h. um 1812) dargestellt, der die heilige Schrift in der Hand am rechten angewinkelten Arm hält. Auf seiner Robe erkennt man den Roten Adler-Orden, der ihm vom preußischen König verliehen wurde.
In der Begleitschrift zur Ausstellung der Kunstgüter der Schweidnitzer Friedenskirche aus dem Jahre 2012[69] ist ein angebliches Ölgemälde des G.A. Kunowski abgebildet. Durch eine offensichtliche Verwechslung wurde hier nicht K u n o w s k i, sondern der nach seinem Tod eingesetzte Senior Friedrich Johann W o l l g a s t bildlich dargestellt. Ein weiteres Versehen führte dazu, dass in der besagten Begleitschrift der Geburtsort Kunowskis mit Dyhernfurth angegeben wurde. K u n o w s k i ist gebürtig in Beuthen an der Oder.

Nach Familienaufzeichnungen war G. A. K u n o w s k i als Träger des Eisernen Kreuzes am weißen Bande nominiert, der Antrag sei aus nicht nachvollziehbaren Gründen unbearbeitet geblieben und dann offenbar in Vergessenheit geraten. Als er

69 Katalog zur Ausstellung „Glaube wie ein Herz aus Erz", Schätze der Friedenskirche in Schweidnitz, Swidnica 2012, S. 24 f

eines Tages wieder auftauchte, war der Termin für die Verleihung verstrichen. Der König soll davon erfahren haben und ihm daraufhin den Roten Adlerorden 4. Klasse als Zeichen der Anerkennung seiner Verdienste um Schweidnitz während des Napoleonischen Krieges verliehen haben.

Bildnis Georg August Kunowski

7.2. Pensionszeit und Nachwirken

Bei seinem 50-jährigen Dienstjubiläum befand sich Kunowski bereits im Alter von 77 Jahren. In Anbetracht des fortgeschrittenen Alters begann er allmählich Teile seiner Verantwortung abzugeben und in jüngere Hände zu legen.
Die Königliche Regierung - Abtheilung für die Kirchenverwaltung und das Schulwesen - gab bekannt: „Nachdem der seitherige Direktor der evangelischen Schullehrer-Wittwen- und Waisen-Societät des ehemaligen Fürstenthums Schweidnitz, K u n o w s k i, auf eigenen Antrag wegen hoher Jahre, von der Verwaltung der Direktorial-Geschäfte dieser, von ihm begründeten und zu sichtlichem Fortgedeihen fortgeführten Anstalt entbunden worden, so ist nunmehr die Direktion über dieselbe an den Herrn Diakonus F r i t z e zu Schweidnitz übergegangen und demselben als Direktor derselben die Bestallung erteilt worden, welches hierdurch zur Allgemeinen Kenntniß gebracht wird.
Breslau, den 18. November 1837"[70]

K u n o w s k i, der eine längere Reihe von Jahren auch das Amt eines Superintendenten der Diözese Schweidnitz-Reichenbach innehatte, legte dasselbe im Jahre 1837 nieder.
Das Amt des Pastor primarius bekleidete er bis zum 21. Januar 1838, an dem Tage, an dem er im Alter von 81 Jahren das Zeitliche segnete. Das Primariat der Friedenskirche blieb nach Kunowskis Tod noch zwei Jahre vakant, während dessen der Senior W o l l g a s t interimistisch die Funktionen der ersten geistlichen Stelle wahrnahm und ebenso Mitglied des Gymnasial-Collegiums wurde. Danach wurde die Stelle des Pastor primarius im Jahre 1840 mit dem bisherigen Archidiakonus Gustav Adolph H a a c k e besetzt.

K u n o w s k i wurde neben seiner Gattin in Schweidnitz an der Nordseite des Kirchhofes unweit der Begrenzungsmauer unter einem Marmorstein beigesetzt. Neben den Lebensdaten

70 Amtsblatt der preußischen Regierung zu Liegnitz, 1837, S. 368

der beiden trägt er die Inschrift: „Ihr Segen geleite uns durchs Leben." Nach den Aufzeichnungen des Sohns Georg Eduard bezeichnet ein in die Kirchenmauer eingelassener Gedenkstein die Ruhestätte Kunowskis. Über dessen Verbleib war zum Zeitpunkt der Drucklegung nichts bekannt.

In den Familienunterlagen befindet sich die Photographie der nachstehend abgebildeten Gedenktafel in einer angeblichen Original-Größe von 27,50 x 66,20 cm, die nach seinem Tod angefertigt worden ist.

Vier Jahre nach Kunowskis Tod starb der als Syndikus in der Stadt Schweidnitz tätige Sohn Georg Adolf Carl im Alter von 41 Jahren und wurde in dem Kunowski'schen Familiengrab neben seinen Eltern begraben. In den Familiennachrichten wird hervorgehoben, dass die drei unverheirateten Geschwister Carl, Sophie und Auguste bis zu diesem Zeitpunkt einen durch innige Geschwisterliebe verbundenen Familienkreis bildeten, in welchem ganz der Geist des Elternhauses wehte. Der Tod des Bruders zerriss dieses schöne Band, und es lebten seitdem die beiden Schwestern im Verein mit der jüngsten unverheirateten Schwester ihrer Mutter, Wilhelmine H e n r i c i, in Trebnitz bei Breslau.

Die nachfolgende Kunowski-Generation war über enge familiäre Beziehungen miteinander verbunden. Hierbei kam auch Georg Augusts älterer Bruder Georg Friedrich K u n o w s k i, Kriegsrat im preußischen Justizministerium, mit ins Spiel, dessen Tochter mit Georg Augusts ältestem Sohn Georg Karl Friedrich als dessen Cousine verheiratet war.
Kunowskis Bruder Friedrich hatte beim König ein Gesuch eingereicht, für die Familie den alten polnischen Adelstitel führen zu dürfen. Da es hierfür keine rechtliche Handhabe gab, verlieh der König den damals lebenden volljährigen K u n o w s k i - Nachkommen den preußischen Briefadelstitel (siehe Gothaisches Genealogisches Handbuch)

Georg August K u n o w s k i s Enkelsohn Conrad, Sohn von Georg Eduard von K u n o w s k i, General der preußischen Artillerie, kümmerte sich um die Belange der Familie und bemühte sich, die Grabstätte Georg Augusts an der Friedenskirche in Schweidnitz als Familiengrab zu erhalten. In den Familienunterlagen finden sich Dokumente, die die diesbezüglichen Aktivitäten belegen. Aus einem damaligen Schriftverkehr geht hervor, dass dieser vom Kirchenvorstand der Friedenskirche die Zusicherung, „auf ewig" die Grabstätte in Familienbesitz behalten zu dürfen, schriftlich bestätigt bekam.

In einem handgeschriebenen Brief mit Datum vom 15.10.1886 wandte sich Conrad von K u n o w s k i (53 jährig) an den evangelischen Kirchenvorstand zu Schweidnitz:
„An den evangelischen Gemeinde – Kirchenrath zu Schweidnitz!
Indem ich mich im Auftrage der "Familie von Kunowski" mit Ihrem geneigten Anerbieten vom 9. Sept. d. J., betreffend Erwerbung der Grabstelle unseres verstorbenen Onkels, des Syndikus Kunowski gegen Zahlung von 36,00 Mark einverstanden erkläre, gestatte ich mir Ihnen diesen Betrag mit der Bitte ergebenst zu übersenden, nicht nur über den richtigen Empfang desselben quittieren, sondern hierbei auch geneigtest

aussprechen zu wollen, daß die Grabstelle der Familie von Kunowski nunmehr für alle Zeiten als unantastbares Eigenthum verbleiben soll.
Mit vorzüglicher Hochachtung habe ich die Ehre zu zeichnen

Breslau, d. 15. 0ktober 1886

ergebenst
(gez.) von Kunowski
Rittmeister a.D."

Daraufhin erhielt er aus Schweidnitz folgende Mitteilung:
„Nachdem der Königl. Rittmeister a.D, Herr v. Kunowski in Breslau behufs Erhaltung des Grabes des im Jahre 1838[71] beerdigten Herrn Syndikus Kunowski 36 Mk, i.W. Sechs + dreißig M. zur Kirchhofskasse eingezahlt hat, über deren Empfang hiermit quittiert wird, ertheilen wir gleichzeitig die Zusicherung, daß das Superintendent Kunowskische Begräbnis auf hiesigem ev. Kirchhofe bestehend aus den 3 Grabstätten, des Herrn Superintendent Kunowski, dessen Ehegattin und dessen Sohn, des Syndikus H. Kunowski der Familie auf alle Zeiten erhalten bleibt und zu keinem anderen Gebrauch verwendet werden soll.
Andere der Kunowskischen Familie nicht angehörige danebenliegende Grabstellen sind von dieser Zusicherung selbstverständlich ausgeschlossen.

Schweidnitz, 21.10.1886

Der ev. Gemeinde-Kirchenrat"

Mit dieser Zusage durch den Kirchenrat enden die familiären

71 Der Schweidnitzer Syndikus Georg Carl Adolf Kunowski, starb am 16.01.1842 und wurde damit vier Jahre später als in in der Mitteilung des Gemeinderats vermerkt im Kunowskischen Familiengrab bestattet. 1838 fand sein Vater Georg August hier die letzte Ruhestätte.

Aufzeichnungen über die Grabstätte des G.A. K u n o w s k i. Ob sich im Archiv der Kirche weitere Informationen finden lassen, ist ungewiss. Die heutige Kirchenleitung hat sich die Restaurierung des historischen Friedhofs vorgenommen, sobald entsprechende finanzielle Mittel verfügbar sind. An der Nordseite des Friedhofs hat man mit der Instandsetzung des Tiedeschen Schlummerhains allerdings ohne die ursprüngliche Kuppel einen Anfang gemacht.

7.3 Kunowskis Schriften

Nicht minder wirkte G. August Kunowski durch sein hervorragendes pädagogisches Talent, das in der 1796 bei Korn in Breslau herausgegebenen "Hausbücherei" seinen Ausdruck fand. Neben unzähligen Predigten und Redemanuskripten aus verschiedenen Anlässen sei auf folgende Veröffentlichungen G.A. Kunowski's hingewiesen.

1) Predigten zur Beförderung häuslicher Erbauung auf alle Sonntage und Feste im Jahr, 3 Bde. Schweidnitz, Biesterfeld 1804, 1805 und 1807

2) Katechetisches Handbuch über den in Schlesien eingeführten Katechismus, Versuch einer faßlichen Darstellung der Glaubens- und Sittenlehren nach sokratischer Grundlage, Breslau, Kern, 1796, neue Aufl. 1809

3) Logicalischer Catechismus [Elektronische Ressource] : denen Schulen und besonders der Jugend von guter Erziehung beyderley Geschlechts gewidmet, 1775

4) Rede bei der Austeilung von Bibeln, Schweidnitz, 31.03.1824

5) Predigt bei der feierlichen Einweihung der evangelischen Kirche zu Reichenbach: am 26sten September 1798 gehalten. (Anlage 9.1)

6) Predigt am ersten Tage des 19. Jahrhunderts., Breslau, Korn, 1801. (Anlage 9.2)

7) Predigt bey der Feier des hundertfünfzigjährigen Jubelfestes der evangelischen Friedenskirche vor Schweidnitz, gehalten von G.A. Kunowski,..... Schweidnitz 1802. (Anlage 9.4)

8) Sollen wir unser bisheriges Gesangbuch beibehalten, oder es mit einem andern vertauschen ? : Eine Predigt gehalten am Kirchenfeste den 22. September 1800. (Anlage 9.3)

9) Gedaechtnis-Predigt auf das Absterben Friedrichs des Großen, gehalten am 17. Septb. 1786, und zum Besten der Kirche dem Druck uebergeben, von G.A.Kunowski, evangel. Prediger zu Beuthen in Niedersschlesien, Glogau, 1786

10) Predigt bei der feierlichen Einweihung der evangl. Kirche in Münsterberg 1798

11) Predigt bei der feierlichen Einweihung des von Gottfried Seiler zu Wüstewaltersdorf gestifteten Waisenhauses, Schweidnitz 1812

12) Rede auf Eleonore Langer 1807

8. Literaturverzeichnis:

Aderhold, Stephan, Chronologische Musikgeschichte der evangelischen Gemeinde in der Friedenskirche zu Schweidnitz unter Berücksichtigung der Entwicklung ihres Kirchenarchivs, Schweidnitz, 2015

Allgemeine Kirchenzeitung, Bd. 18, Nr. 22, Donnerstag 7. Februar 1839

Allgemeine Literaturzeitung, Ergänzungsblätter Nr. 49 April 1807

Amtsblatt der preußischen Regierung zu Liegnitz, 1837

Baege, Max, Das Gynasium zu Schweidnitz mit seiner geschichtlichen Entwicklung von der Gründung bis 1830, Festschrift zur 200-jährigen Jubiläumsfeier. Schweidnitz, 1908

Berg, J., Die Geschichte der gewaltsamen Wegnahme der evangelischen Kirchen und Kirchengüter in den Fürstenthümern Schweidnitz und Jauer während des siebzehnten Jahrhunderts, Breslau 1854

Berg, J., Beschreibung des einhundertjährigen Jubelfestes des Lycei zu Schweidnitz am 7ten und 8ten Junius und der feierlichen Einführung des neuen Bürgermagistrats daselbst am 14ten Junius 1809, Schweidnitz o.J.

Böhlau, H., Goethes Werke Bd. 55

Büsching, Anton, Friedrich, Beyträge zur Lebensgeschichte denkwürdiger Personen, insondertheit gelehrter Männer, Halle, 1785

Bunzel, Hellmuth
Die Friedenskirche zu Schweidnitz. Geschichte einer Friedenskirche von ihrem Entstehen bis zu ihrem Versinken ins Museumsdasein. Ulm 1958. 38 S

Chronik des Wüstewalder Heimatboten, Nr. 11. 2015

Eckert, Oskar
Denkschrift zum 250jährigen Jubelfest der ev. Friedenskirche "zur heiligen Dreifaltigkeit" vor Schweidnitz.
Schweidnitz o.J. /1903

Fontane, Theodor, Wanderungen durch die Mark/Havelland/Potsdam und Umgebung/Sakrow/Sakrow unter Baron Fouqué von 1779-1787

Friedrich Wilhelm I. Politisches Testament vom 17. Februar 1722

Geschichte der Stadt Schloppe, http://www.czlopa.pl/index.php?c=page&id=11

Goguel, Eduard, Geschichtliche Denkschrift betreffend die evangelische Kirche 'Zur heiligen Dreifaltigkeit' vor Schweidnitz, Schweidnitz, 1852

Gräffe, Johann Friedrich Christoph, Doctor der Theologie und Philosophie und Pastors an der St. Nicolai-Kirche zu Göttingen Vollständiges Lehrbuch der allgemeinen Katechetik nach Kantischen Grundsätzen zum Gebrauche akademischer Vorlesungen, **Göttingen** 1797

Gräffe, Johann Friedrich Christoph Rezension in: Katechetiſches Journal. IV, Celle 1797, Bd. 4,

Haacke, Gustav Adolf
Das 200jährige Jubelfest der ev. Friedenskirche zur heiligen Dreifaltigkeit vor Schweidnitz. Schweidnitz 1852,

Halbkart, Carl Wilhelm, Professor und Rector, Kurze Darstellung des jetzigen Zustandes des Lyceums zu Schweidnitz : Womit zu der hundertjährigen Jubelfeier dieser Schule ehrerbietigst einladet: C.W. Halbkart

Hensels, Johann Adam, Predigers bey der evangelischen Gemeine zu Neudorf am Grätzberge, Protestantische Kirchen-Geschichte der Gemeinen in Schlesien, Liegnitz und Leipzig, 1768

Jenaer Allgemeine Zeitung, Nr. 21, August 1834, Artikel G.A. Kunowski

Kunowski, Harald, Wikipedia-Eintrag Georg August Kunowski,

Kunowski, Harald, Friedrich Wilhelm I., Friedrich der Große und der Berliner Probst Johann Gustav Reinbeck, Baden- Baden 2017

Kunowski, Georg Sigismund, Lexicalischer Kathechismus, denen Schulen und besonders der Jugend von guter Erziehung beyderley Geschlechts gewidmet, Berlin 1775

Kunowski, von, Jürgen, Ein Leben, Berlin 2020, unveröffentlicht

Kunowskische Familiennachrichten 1932-1939, unveröffentlicht

Lehnmann, C. G. 1802, Geschichte der evangelischen Friedenskirche zu Schweidnitz zu der Feier ihres hundert und fünfzigjährigen . Jubelfestes am 23sten September 1802. Schweidnitz

Neues Allgemeines Intelligenzblatt für Literatur und Kunst, 20. Stück, 18. April 1804

Niesiecki, Kaspar, Polnisches Wappenbuch, Bd. I, Leipzig 1846

Schiller Adolf, Geschichte der Stadt Beuthen, Neuer Glogauer Anzeiger Nr. 6, 2006

Schmidt, Friedrich Julius, Geschichte der Begründung des Protestantismus in Schweidnitz und die Schicksale der daselbst errichteten Friedenskirche. Schweidnitz 1852, 79 S.

Schmidt, Friedrich Julius, Die Geschichte der Stadt Schweidnitz, Bd. 1 und 2, Schweidnitz 1846 und 1848

Schmidt, Friedrich Julius, Schlesische Provinzialblätter, Bd. 25, 1874

Straubel, Rolf, Biographisches Handbuch der preußischen Verwaltungs- und Justizbeamten, Bd. 85, 1740 - 1806/15, München

Tägliche Rundschau für Mittelschlesien, Beilage, 31.10.1917. Zum100. Todestage von Georg August Kunowski, Erinnerungen an das Leben und Wirken eines bekannten Schweidnitzer

Superintendenten

Wasner, A. Die evangelische Friedenskirche "zur heiligen Dreifaltigkeit" in Schweidnitz. Schweidnitz, 1902

Worthmann, Ludwig
Die Friedenskirche zur Hl. Dreifaltigkeit vor Schweidnitz. Festgabe zur Vierteljahrtausendfeier am 22.9.1902. Schweidnitz 1902

Worthmann, Ludwig, Führer durch die Friedenskirche zu Schweidnitz, Schweidnitz und Breslau 1929

Anlage 9.1

Predigt

bei der

feierlichen Einweihung

der

evangelischen Kirche

in

Reichenbach

am 26sten September 1798.

gehalten

von

George August Kunowski

Königl. Inspector der Kirchen und Schulen des Schweidnitzischen, Reichenbachischen, Striegauischen und Frankensteinschen Kreises, des Fürstenthums Münsterberg und der Grafschaft Glatz; Pastor primarius in Schweidnitz.

Wird zum Besten der neuen Kirche verkauft.

Schweidnitz, gedruckt mit Müllerschen Schriften.

Blicke mit Wohlgefallen, o Gott, auf unsre erste Versamlung in deinem Hause hernieder. Dank und Freude und heilige Gelübde erfüllen unsre Herzen und steigen in vereintem Gebete zu dir dem Allgütigen auf. Segne unsre Absicht, diese Kirche, diese ganze Gemeine und alle die mich heute hören. Amen.

Seit einer langen Reihe von Jahren, meine christlichen Zuhörer, gab es keinen so festlichen Tag als den heutigen für diese zahlreiche Gemeine Ihn feiert mit dankbarem Entzücken jeder Freund der Tugend und einer ächten Gottesverehrung Ihn segnet mit frommer Seele der Greis, der an des Grabes Rande ihn nicht mehr zu erleben hofte, aber heute durch Freude verjüngt, noch mit uns wallte zu dieser heiligen Stäte. Mit bebender Hand troknet er die Freudenthräne von dem schon halb erloschenen Auge und denkt: nun will ich gerne sterben, nun ich diesen Tag gesehen habe. Ihn feiert mit theilnehmenden Gefühlen eine Menge guter Menschen aus der Nähe und Ferne, und, festlicher als ich es auszudrücken vermag, ist er meinem eignen Herzen.

Reich an Freuden und heitern Aussichten, war dir, theure Gemeine, jener Tag, an welchem du den ersten Stein zu diesem Altare legen sahst; aber d a s war, das konte er dir nicht seyn, was dir der gegenwärtige ist. Da beschränkte noch so manche natürliche Sorge die frohen Empfindungen deines Herzens. Da drängte sich bei vielen wenigstens die zweifelnde Frage hervor: Werden auch unsre vereinten Kräfte hinreichen zur Vollendung dieses Werks? werde auch ich sie erleben, oder dekt dann vielleicht schon lange des Grabes Nacht mein verwesendes Gebein? — Mehr als fünf hundert aus dieser Gemeine wurden seit jenem Tage zu ihren Vätern versamlet. Die Hälfte von ihnen schlummert dort auf dem nahen Gottesacker. selbst der würdige Mann der an eben dieser Stelle deinem Auge Thränen der Rührung, deinem Herzen so manchen heiligen Vorsaz entlokte, gieng wenig Wochen nachher in die friedlichen Wohnungen der Seeligen über: sah nicht diese Kirche geschmakvoller und prächti-

ger

ger emporsteigen als mans damals zu hoffen wagte; sah nicht mehr die Bitten und Wünsche befriediget die er in jener festlichen Stunde an seine Zuhörer that. Er bat um brüderliche Vereinigung bei diesem Bau, und lieblich umschlang das schöne Band der Eintracht die würdigen Männer denen in aller Namen seine Ausführung anvertrauet war. Er bat um Geduld und Vertrauen auf Gott, und beide ermüdeten nicht in eurem Herzen Er bat um Mildthätigkeit, und von allen Seiten fanden sich Menschenfreunde die das Werk fördern halfen Vollendet steht es nun da, ein Kleinod für diese Stadt, eine Zierde unsers schlesischen Vaterlandes. —

Auf immer hast du es nun verlassen, liebe Gemeine, jenes Haus, in welchem du seit sechs und funfzig Jahren für die Erde und für den Himmel gebildet wurdest. Unaussprechlich theuer war es deinen Vätern und Müttern; denn ach, sie hatten es mit Thränen ersehnt, es lange vergebens von dem Allgütigen erfleht. Theuer war es auch dir bei allen seinen Mängeln; denn wie oft gieng da deinem Verstande ein wohlthätiges Licht auf, wie oft fandest du Trost unter des Lebens Bürden, wie oft ward Religion und Tugend dort deinem Herzen wichtiger und ehrwürdiger gemacht Ich billige sie daher ganz die Thränen die ich beim Abschiede aus demselben fließen sah. Welcher Gefühlvolle schiede wohl mit kalter, gleichgultiger Seele von einem alten Freunde

 dem

dem er viel verdankt, gesezt auch daß schon ein Würdigerer ihm wieder seine Arme entgegen breitete. Vergesset sie dann nicht eure alte Kirche, mit welchen grösseren Reizen eurem Auge auch die neue entgegen lacht. Geht ihr vor der Stäte vorüber wo sie stand, so denkt: sie ward von mancher Freudenthräne unsrer biedern Vorfahren benezt. Hier stiegen ihre frommen Gebete zum Himmel empor. Hier ward auch ich zu den Pflichten und Hofnungen des Christen eingeweiht; und blickt dann mit stillem Danke zu dem auf der euren vereinten Wünschen eine so viel schönere gab.

Mit inniger Rührung weihen wir sie heute seiner Verehrung; geloben's ihm feierlich sie dazu anzuwenden wozu er sie gegeben. Empfindungen der Freude und des Danks, fromme, heilige Gelübde erfüllen, — oder alles müßte mich trügen — in dieser festlichen Stunde eure Herzen. Laßt mich beide darin zu befestigen suchen.

Text: Psalm 50, 14.

Opfere Gott Dank, und bezahle dem Höchsten deine Gelübde.

Der Psalm aus welchem ich meine Textesworte entlehnte, enthält einige vortrefliche Regeln zur würdigen Verehrung desjenigen der über Himmel und Erde gebietet, und jezt wie künftig unser

unser Loos in seiner Gewalt hat. Er verwirft sie keinesweges die äußeren Gebräuche durch die der dankbare Sterbliche ihm seine Ehrfurcht beweiset; aber nur dann sind sie ihm angenehm wenn sie zugleich das Herz veredeln, es mit Liebe zu ihm, mit frommer Gesinnung, mit heiligen Entschließungen erfüllen. Willst du Gott würdig verehren, sagt daher Assaph in unserm Texte, so opfre ihm deinen Dank und bezahle ihm deine Gelübde. So würde und müßte dann auch die heutige Feierlichkeit, und wenn sie alles in sich vereinigte, was das Auge ergötzen, was die Sinne rühren kann, ihm minder gefallen, wenn sie nicht in unsern Seelen solche Empfindungen wekte, solche Vorsätze erzeugte wie Gott und dieser Tag sie von uns fordern, und euch dazu freundlich die Hand zu bieten ist meine Absicht, wenn ich in dieser festlichen Stunde

Von den Empfindungen und Gelübden einer christlichen Gemeine bei der Einweihung ihrer neuen Kirche, rede.

Lasset uns beide näher kennen lernen.

Erster Theil.

Opfre Gott Dank, und bezahle dem Höchsten deine Gelübde! So rief einst Assaph seinem Volke zu, um es über die Natur einer würdigen

Gottesverehrung zu belehren, und hält dadurch auch unserm Herzen seine Pflichten an dem heutigen Tage vor.

Dank sezt empfangene Wohlthaten voraus, und mit dem Genuße derselben ist Freude unzertrennlich verschwistert. Nicht zu frohen Gefühlen, nicht zu dieser Freude, darf ich euch daher, meine Zuhörer, ausdrüklich ermuntern. Sie glänzt auf eurem Angesichte, sie weint aus eurem Auge; sie erfüllet euer Herz, sie macht euch den heutigen Tag zu einem der schönsten eures Lebens. Wer wollte sich der Vollendung eines Werkes nicht freuen, das zu so großen Zwecken bestimt, — eine frohe Ahnung sagt mirs — noch in fernen Jahrhunderten der Stolz und das Kleinod eurer Nachkommen seyn wird. Tausend Schwierigkeiten, eine immer größer als die andere, waren dabei zu überwinden. Aber Muth und Beharrlichkeit besiegten sie allmälig, und, wie der Wanderer dem sein Pfad durch rauhe Klippen und steile Gebirge erschwert ward, sich am Ziele doppelt glücklich fühlt: so erhöhet der Rükblick auf die besiegten Hindernisse eure heutige Freude. —

Blicket umher in dieser zahlreichen Versamlung, und ihr findet neue Nahrung für sie. Tausende von Fremden, ich sage nicht zu viel, vereinigen sich mit euch zu diesem festlichen Tage der Weihe. Alle blicken liebevoll und theilnehmend auf euch hin. Aus aller Herzen steigen Wünsche

und

und Gebete für eure Kirche zum Throne des Allmächtigen auf. Und schon hat jeder Gutdenkende unter ihnen es bei sich selbst beschlossen, seine Theilnahme heute thätig zu beweisen. Ja, Theuerste, die Sie zum Theil aus weiter Entfernung zu dieser Feierlichkeit kamen, mit dieser zuversichtlichen Erwartung von Ihrer Milde stehe ich jezt vor Ihnen da. Viel that diese Gemeine. So mancher Arme gab mit Freuden seinen lezten Groschen dahin. Aber auch ihre vereinten Kräfte vermochten nicht alles. Ohne fremde Unterstüzung wären sie wahrlich nicht bishieher gekommen, und eben dieser Beihülfe bedürfen sie noch immer. So öfnen Sie dann heut großmüthig Ihre milde Hand und verewigen Sie durch edle Freigebigkeit sich selbst das Gedächtnis dieses Tages. Ich bitte für eine Gemeine, die bei jeder Samlung für fremde Kirchen und Schulen, ihrer jetzigen größern Ausgaben ungeachtet, sich vorzüglich wohltätig beweiset, und also ein Näherrecht auf die thätige Liebe fühlender Menschenfreunde hat *). Wir werden es freilich nicht sehen, was und wie viel Sie geben; aber der wirds sehen zu dessen

*) Die Gemeine zu Reichenbach ist eine der wohlthätigsten die ich kenne. Sie trägt zu den Kollekten die jährlich für arme Kirchen und Schulen gesamlet werden in der Regel immer mehr bey als andre eben so zahlreiche Gemeinen, und der Ertrag ihrer Samlungen nähert sich sehr oft demjenigen der aus weit ansehnlichern Kirchspielen eingehe.

Ehre Sie es geben, der jede gute That zur einstigen Vergeltung ins Buch des Lebens zeichnet. Dieser Gott neige Ihre Herzen zum Wohlthun. Von dieses Gottes Leitung darfst du, geliebte Gemeine, auch heute alles erwarten.

Opfre ihm dann aus der Fülle deines Herzens den **Dank** der seiner Güte gebühret. Ohne ihn und seinen Segen stünde wahrlich diese Kirche nicht. Wer lenkte das Herz des unsterblichen Friedrichs zu einer Wohlthat, ohne welche der Gedanke an ein neues Gotteshaus wohl kaum gefaßt, geschweige dann wirklich hätte können ausgeführet werden? Wer hob, gutes Reichenbach, deinen im siebenjährigen Kriege so oft unterbrochnen und zerrütteten Wohlstand in dem Grade wieder empor, daß du ein solches Werk unternehmen kontest? Wer machte durch jenen Vertrag der vor acht Jahren in deiner Mitte geschlossen, Europens Hälfte den wohlthätigen Frieden erhielt, deinen Namen der halben Erde rühmlichst bekant? Wer sezte ihn in den Jahrbüchern der Geschichte zum Segen und erwekte dir dadurch auch in der Ferne so manchen Wohlthäter und Freund? Frage dein Herz, es wird dir antworten: Es war Gott!

Noch mehr. Wer hielt seine schüzende Hand über den Arbeitern, daß bei ihren oft so gefahrvollen Geschäften doch keiner derselben verunglükte? Ach hätte dieser Bau auch nur einem Kinde seinen

nen Versorger und Vater, nur einer treuen Gattin den geliebten Gefährten durchs Leben gekostet, dann wäre unsre heutige Freude nicht so rein, dann mischte sich in sie die Jammerklage der Verlaßnen und des Verwaisten Aber an diesen Mauern klebt kein Blut! — Das konte keine menschliche Vorsicht verhüten. Das hat Gott gethan. Opfert ihm euren Dank. — Wie? und wodurch? Das mag euer natürliches Gefühl, eure eigne Einsicht euch sagen. Er achtet nicht die Lobgesänge, die äußeren Verehrungen an denen das Herz keinen Antheil hat. Aber ein frommer Sinn, ein tugendhafter Wandel, ein Leben das reich an guten Thaten ist, diese Opfer, dieser Dank gefällt ihm wohl, und diesen bringet ihm dar.

Er spendet seine Wohlthaten, seinen Beistand, seine Segnungen nicht unmittelbar, sondern durch Werkzeuge aus. Er sorgt für Kinder durch ihre Eltern, für Arme durch begüterte Menschenfreunde, für Unterdrükte durch gerechte Richter, für Kirchen — durch ihre Vorsteher und durch Edle die mit freigebiger Hand ihren Bau oder ihren Wohlstand befördern. Auch um diese Kirche machte sich mehr als ein Redlicher verdient dem der Dank eures Herzens gebühret. Jene ehrwürdige Gesellschaft von Männern deren Sorgfalt ihr Bestes zunächst anvertrauet ist, wie viel wirkte sie vereint, wie viel that jeder Einzelne! Mit edelmüthiger

müthiger Aufopferung ihrer Kräfte, ihrer Zeit, ihrer eignen Geschäfte, betrieben Sie rastlos diesen Bau, achteten keine Mühe, keinen noch so sauren Gang, keine noch so beschwerliche Reise, und sannen oft in einsamer, nächtlicher Stille, wenn ihr alle euch den Erquickungen des Schlafs überliesset, auf Mittel und Wege das angefangne Werk leichter und glücklicher zu vollenden. Nicht immer, nicht von allen wurden wohl ihre Verdienste erkant. Es ist nur zu wahr, was mein verewigter Vorgänger vor drei Jahren an eben dieser Stelle unter Gottes freiem Himmel sagte: „Wie bei einem Brande geschmükte Müßiggänger „von ferne stehen und tadeln, wenn der redliche „Patriot angreift und mehr handelt als spricht: „so ist Niemand dem Tadel und Vorwürfen mehr „ausgesezt, als wer bei öffentlichen Bauten be„schäftiget ist“ *). Wäre dies auch hier vielleicht bisweilen der Fall gewesen, so geschehe es wenigstens künftig nicht mehr, so stimme dies Fest der Freude eure Herzen zu innigem Danke gegen die, durch deren unermüdetes Denken, Sorgen und Arbeiten diese Kirche so schön, so geschmakvoll empor stieg. Sie bedürfen eure Unterstüzung nicht; aber sie erwarten, sie fordern, sie verdienen eure Liebe. Ihr findet vielleicht nur wenig Gelegenheit ihnen selbst

*) Worte des seel. Herrn Cons. Rath und Inspector Tiebe in seiner Rede bei Legung des Grundsteins, den 25sten September 1795.

selbst gefällig zu werden; aber auch sie werden einst hinüber gehen in das Land der Vollendung. Dann sei euch Freundschaft und liebreiche Fürsorge für ihre Wittwen und Waisen heilige Pflicht: und so oft ihr euch den Hügeln nahet die ihre entseelten Gebeine bedecken, netze eine dankbare Thräne ihr Grab. —

Edle Menschenfreunde von Stadt und Lande, aus der Nähe und Ferne, die Sie durch Wohlthaten den Bau und die Vollendung dieser Kirche beförderten; Sie insonderheit theure Mitglieder der hiesigen römisch catholischen Gemeine, von denen ich mehrere mit Vergnügen in dieser Versamlung erblicke, auch Ihnen gebührt unser wärmster, innigster Dank. Er fließt nicht blos von meinen Lippen, er durchdringt mein Herz wie das Herz dieser ganzen Gemeine; wandelt sich in jedes Fühlenden Brust in Gebet, und steigt für Ihr Wohl zum Allvergelter auf. Mit unauslöschlichen Zügen ist Ihre thätige Liebe in aller Herzen gegraben, und dort in dem Thurme dieser Kirche liegt das dankbare Zeugnis davon als Urkunde verwahrt. Sie wird es noch der späten Nachwelt sagen, was und wie viel Sie gethan haben. Nachbarlich schlummern dort auf jenem Gottesacker Ihre und unsre Todten. Brüderlich werden sie sich einst am Auferstehungsmorgen begrüßen, und dann das Band wechselseitiger Liebe noch fester knüpfen, das sie —

ein

ein reizendes Beispiel für andre — schon auf dieser Erde vereiniget hatte.

Gewiß, meine Zuhörer, ich las in euren Herzen wenn ich die Gefühle der Freude und des Danks gegen Gott und gute Menschen zu den natürlichsten und vornehmsten an diesem festlichen Tage zählte. Ich schmeichle mir mit eben dieser Uebereinstimmung unserer Gesinnungen, wenn ich in dem andern Theile meiner Predigt von den Gelübden reden werde, zu denen die Feier dieses Tages uns auffordert.

Zweiter Theil.

Ich schränke mich nur auf die wichtigsten ein. Laßt uns die Gelübde der Liebe und des Gehorsams gegen Gott, des unbedingten Vertrauens auf ihn, und der fortgesezten Sorgfalt für dieses ihm geweihte Haus erneuern.

Ist das Glück ihn gemeinschaftlich und ungehindert verehren zu können, ist erwünschter Fortgang unsrer Unternehmungen, ein ausgezeichneter Beweis seiner Liebe; gehört eine Kirche wie diese zu seinen vorzüglichsten Wohlthaten, wer unter euch sollte ihn nicht von ganzem Herzen lieben, den Gott dem er so viel verdankt. Die Wunder seiner Güte stehen überall vor unfern Augen. Sie sind über die ganze Erde verbreitet. Aber sie verherrlichten sich, gutes Reichenbach, vorzüglich an Dir. Oft zwar seufztest du in verfloßenen Zeiten unter mannigfaltigen Drangsalen die Gott zur Prüfung dir auflegte. Der Krieg wüthete in deiner Nähe und innerhalb deiner Mauern. Dein Wohlstand schien oft für immer zerstört. Aber nie verließ dich Gott. Die Tage des Jammers giengen vorüber. Der goldne Frieden kehrte zurück. Dein gesunkner Wohlstand erhob sich mit Riesenschritten wieder. Und heute schenkt dir Gott eine Kirche die so geschmakvoll, so schön, vielleicht kein Ort in unserm Vaterlande aufzuweisen hat. Hinauf dann zu ihm mit deinem dankerfüllten Herzen; weihe es auf ewig jener Liebe die einem so guten Vater gebühret. Das ist, sagt ein Apostel Jesu (1. Joh. 5, 3.) darin besteht die Liebe zu Gott, daß wir seine Gebote halten, und seine Gebote sind nicht schwer. Diesen **Gehorsam** gelobe ihm heut und bezahle dem Höchsten deine Gelübde. In aller Herzen glühe der heilige Vorsaz auf seinen Wegen zu wandeln, seine Rechte zu halten und darnach zu thun. Sie sind die Gebote der reinsten Vernunft und der erhabensten Weisheit. Sie aus dem Auge verlieren, oder muthwillig verletzen, heißt sich gleichweit von seiner Bestimmung und Glückseligkeit entfernen. Sie gewissenhaft beobachten heißt sein wahres Wohl für beide

Welten

Welten gründen und befestigen. Dieser Erfahrungssatz müsse uns künftig überall vor Augen schweben. Den Weg den Gott uns gehen heißt immer treuer zu wandeln, in unserm größern oder kleinern Wirkungskreise so viel Gutes als möglich zu stiften, täglich weiser und tugendhafter zu werden, das soll unser Stolz und unsre Freude seyn. Dies wollte und dies that in seinem ganzen Umfange der den uns Gott selbst zur Weisheit und Gerechtigkeit machte, und nie können wir weiser handeln als wenn wir seiner Lehre wie seinem Beispiele folgen. Beseelt uns wie ihn der Geist des Wohlwollens und der ächten Frömmigkeit, ist unserm Herzen wie dem seinigen, jede Pflicht des bürgerlichen und des häuslichen Lebens theuer, kennen wir gleich ihm kein größeres Vergnügen als auf dem Pfade der Weisheit und Tugend immer vollkommner zu werden; dann lieben wir Gott wie er von uns geliebt zu werden verdient.

Diese Liebe laßt uns ihn heute feierlich zusagen und damit das nicht minder heilige Gelübde eines kindlichen **Vertrauens** auf seine Weisheit und Güte verbinden. Kleinmuth und Mistrauen sind Undank gegen Gott. Wer nicht eher glauben will bis er sieht, der vergißt was Gott schon gethan, der zweifelt an seiner Macht, oder an seiner Güte. Bedenket, sprach ein frommer Jude, (Makk. 2, 61.) schon vor Jahrtausenden, was zu jeder Zeit ge-

schehen

schehen ist, so werdet ihr finden, daß alle so auf Gott vertrauen erhalten werden. Und doch ist unser Blick in die Zukunft oft so trübe und ängstlich! Doch quäle sich vielleicht mancher unter uns selbst an diesem festlichen Tage, mit der bangen Frage: Wird auch die ansehnliche Schuldenlast die noch auf dieser Kirche ruht, unsre Kräfte übersteigen? Wird sie nicht vielleicht schwer unsre späten Enkel noch drücken? — Weg mit diesem Freudestörenden Gedancken an einem Tage wo uns alles zu froher Zuversicht auf Gottes ferneren Beistand einladet. Er hat bishieher geholfen, er wirds auch weiter thun. Es gab eine Zeit, geliebte Gemeine, wo deine Fluren verwüstet, deine Saaten vom Feinde zertreten, deine Wohnungen verbrannt oder zerstört waren; wo der Ackerbau danieder lag, wo jedes Gewerbe stokte, wo selbst der sonst Wohlhabende nach Brodte gehen mußte. Und doch half dir Gott, half schneller dir wieder empor als die kühnste Erwartung zu hoffen wagte. Wie, ist etwa seine Hand nun kürzer geworden? Sind für den Allmächtigen die Quellen versiegt, aus denen er so oft neuen und vermehrten Wohlstand dir zufließen ließ? Das sei ferne. Er kann, er will, er wird dich auch weiterhin unterstützen.

Thue nur redlich das Deinige. **Ermüde nicht in der Wohlthätigkeit gegen deine Kirche**, und bringe auch dieses Gelübde,

 uns

um es nie zu vergessen, heute dem Allgütigen dar. Die meisten neuen Kirchen werden aus Noth oder Bedürfnis gebauet. Das war der Fall nicht mit der eurigen. Eure alte Kirche hatte zwar der Unbequemlichkeiten viele, aber sie konte noch lange stehen. Der vereinte Wunsch dieser Stadt= und Landgemeine hieß diese neue ungleich schönere empor steigen. So rechtfertiget dann diesen Wunsch dadurch, daß ihr alles anwendet um sie bald Schuldenfrei, bald im vollen Sinne des Worts die eurige nennen zu können: damit nicht die Eifersucht, mit welcher man hie und da auf sie hinblickt, triumphirend sage: „Sie „huben an zu bauen, allein sie hatten ihre Kräfte „nicht berechnet. Ihre Kinder und Enkel seufzen „noch unter der Last die sie sich aufbürdeten.“ Nein, das könt, das werdet ihr nicht wollen. Wenn von dieser zahlreichen Gemeine jeder jährlich nur etwas der Kirche bestimmt, wie bald ist ihr völlig geholfen. Hast du viel, so gieb reichlich; hast du wenig, so gieb doch das Wenige mit treuem, willigen Herzen. (Tob. 4, 9.) Guter Landmann, wenn Gott auf Flur und Acker dich über Erwartung segnet: frommer Kaufmann, fleißiger Bürger, wenn bei Handlung und Gewerbe ein unverhofter, beträchtlicher Gewinn dir zufließt: Begüterter, wenn du bei deinem Sterben lachende oder hinlänglich versorgte Erben zurück lässest; dann denk an deine Kirche, und Gottes

Segen,

Segen, der Dank der Nachwelt wird dirs lohnen. —

Ja, Allgütiger, deine Augen sehen auf alle deine Kinder. Du weißt was Menschenfreunde schon für diese Kirche gethan haben und was sie künftig noch thun werden. Siehst mit Wohlgefallen auf das kleine Scherflein des Armen, wie auf die größere Gabe des Reichen, und wirst einst beiden herrlich vergelten. Deiner Fürsorge, deinem allmächtigen Schutze befehlen wir mit hoffender Seele dies Haus. Bewahre es vor Feuer, vor Unfall und Schaden und laß seinen Wohlstand von einem Jahre zum andern blühender werden. — Wenn einst der Staub unsrer Urenkel sich mit dem unsrigen vermischt, so stehe es noch unversehrt und schön wie heute da; sei dann noch allen theuer und ehrwürdig als ein Ort wo unsterbliche Seelen für die Erde und für den Himmel gebildet werden. Einst treten wir, und alle die dich künftig hier verehren werden, vereint vor deinen Thron. Da sehen wir mit hellerem Auge das Gute das auch hier gestiftet worden. O möchte die Summe desselben recht groß seyn. Amen.

Anlage 9.2.

Predigt

am ersten Tage

des

neunzehnten Jahrhunderts

gehalten

von

G. A. Kunowski,

Inspektor und Pastor prim. in Schweidnitz.

Breslau,

gedrukt und in Commission bei Wilhelm Gottlieb Korn.

Gebet
beim Anfange des Gottesdienstes. *)

Ewiger, unveränderlicher Gott, du Vater aller Menschen! voll tiefer Ehrfurcht gegen deine hohe Majestät, und voll heiliger Rührung, treten wir an dem Morgen dieses feierlichen Tages vor dein Angesicht, und bringen die Opfer unsers Herzens, Dank, Gelübde, und kindliche Bitten dir dar; du warst in dem verfloßnen Jahrhunderte der Gott unserer Väter, ihr Beistand, Schutz und Retter, du warst auch der unsrige: bis hieher hast du uns geholfen, und Großes an uns gethan — dein heiliger Name sei gelobet und gebenedeiet!

Die Gräber, über denen wir hier stehen, die Denkmäler der Entschlafenen um uns her, der Blick in das verfloßne und in das beginnende Jahrhundert — alles prediget uns die Hinfälligkeit und Vergänglichkeit dessen, was irdisch ist; aber du, Vater, bleibest wie du bist, deine Jahre nehmen kein Ende, dein Reich ist ein ewiges Reich, und deine Güte währet ewiglich!

Ewiglich! o so wird deine Güte auch in dem neuen Jahrhunderte nicht von uns weichen, in welchem frohe und traurige Schicksale, Glück und Lebensfreuden, aber auch mancher Kummer, Krankheit und Todeskampf uns erwarten: — wir zagen nicht, denn deine Vaterliebe begleitet uns durch Leben und Tod in die Ewigkeit.

Für

*) Dieses vom Herrn Senior Lehnmann aufgesetzte Gebet wurde von ihm vor dem Altare gehalten.

Für diese unsere erhabne Bestimmung laß uns die flüchtigen Tage, soviel deine Weisheit uns deren noch zuzählen wird, sorgfältig benutzen. Laß uns wachsen und zunehmen in der Erkenntniß der heiligen Religion, die dein Sohn Jesus Christus uns verkündigte, auf daß wir gesinnet seyn wie Er, und durch Reinigkeit des Herzens deiner Liebe würdiger werden mögen.

Befestige du jeden frommen Entschluß in unsern Herzen, und stärke unsere oft so schwache Tugend.

Sei du unsere Kraft wenn wir schwach werden, unser Licht wenn du auf dunkeln Wegen uns führst, unser Trost wenn Angst und Trübsal unsern Muth niederbeugen wollen.

Erhalte Ruh und Friede in unserm Vaterlande, und schenke Frieden denen, die so sehr nach ihm seufzen!

Gieb Gedeihen zu den Arbeiten unsers Berufs, und laß uns ferner auch im Irdischen deiner Segnungen genießen!

Kröne mit deiner Gnade unsern theuren König! — du gabst ihn uns zum Heil, laß auch unsre Nachkommen noch durch seine weise und gerechte Regierung beglückt werden!

Wir legen, o Vater! mit kindlichem Vertrauen, das Schicksal unserer Zukunft, unser Glück und Leiden, unser Leben und Sterben in deine Vaterhände. Du wirst uns das geben, was uns für diese und jene Welt heilsam ist.

So treten wir, mit dieser Zuversicht im Herzen, unter deinem allmächtigen Schutze, die neue Laufbahn unsers Lebens und unsrer Tugend freudig an.

O Herr, hilf! o Herr, laß wohl gelingen! Amen.

Herr

Herr der Zeiten und unsrer Schicksale! blicke segnend auf die Feier dieses festlichen Tages hernieder. Wir weihen sie dem Andenken an deine Wohlthaten, der Erinnerung an dich, unsern Vater; aber auch dem heiligen Vorsatze, auf deinen Wegen zu wandeln, dir immer ähnlicher, und dadurch deines ferneren Schutzes immer würdiger zu werden. — Gott unsrer Väter, Gott unsrer Kinder und Enkel! du warst mit jenen, du bist mit uns, und wirst mit diesen seyn. Gestärkt durch diesen Gedanken stehen wir getrost und hoffnungsvoll an der Spitze des neuen Jahrhunderts das deine Güte uns schuf. Ungewis und dunkel ist unserm Auge die Zukunft, aber desto heller sein Blick in die Vergangenheit, die voll deines Segens, voll deiner Erbarmungen war.

Jene darf uns nicht schrecken, denn diese verbürgt uns deine Vatergesinnung die sich niemals verändert. Geleitet von ihr, geschützt durch deine Gnade, ergreifen wir getrost den Pilgerstab den uns ein neuer Zeitraum reicht, um ihn zu führen, so lange dir es gefällt; um ihn dankbar niederzulegen, so bald es dein Rathschluß gebeut. Amen.

Mit feierlicher Rührung meines Herzens trete ich, theure Zuhörer, am ersten Morgen eines neuen Jahrhunderts unter euch auf, und ein Heer gemischter Empfindungen drängt sich in meiner Seele. Ich sehe zurük in die verflossene Zeit, die für uns alle so merkwürdig war, die aber jezt nur noch einem Traumbilde gleicht, das beim Erwachen entfloh.

Ich richte meinen Blik auf die Zukunft, doch ein undurchdringlicher Schleier verhüllt sie meinem Auge wie dem eurigen. Nur jenes Wesen, vor welchem, wie unsre Bibel sagt, tausend Jahre wie ein Tag, nur der Allwissende, vor dem Vergangenheit, Gegenwart und Zukunft eins sind,

sind, nur dieser weiß, was uns in den kommenden Tagen bevorsteht; nur ihm ist es bekannt, wie früh oder wie spät in dem angefangenen Jahrhundert unser Lebensweg sich endigen wird.

Wo sind alle die Millionen, die sich heute vor hundert Jahren zur Anbetung des Allgütigen versammleten? — Die Nacht des Grabes hat sie verschlungen. Ihre vollendeten Geister nahm die Ewigkeit auf, und nur hier und dort nennt uns die Geschichte, oder ein einzelner Grabstein ihre Namen. — So werden auch wir uns nach und nach aus den Kreisen der Unsrigen verlieren, und von uns allen, die wir hier gegenwärtig sind, sieht keiner mehr ein Fest wie das heutige. — Großer, ernster Gedanke! Lasst ihn uns festhalten, m. Z. daß er unsre Herzen der Andacht öffne, uns allen, wo möglich die Stimmung gebe, in der vielleicht so mancher unter uns sich in der gestrigen Mitternacht am Scheidewege zweier Jahrhunderte befand.

Ein heiliger Schauer ergriff mich, als von unsern Thürmen herab das Sterbegeläute dem scheidenden Jahrhundert ertönte, und dann ein feierlicher Lobgesang den nahenden Morgen eines neuen verkündigte. Da traten Thränen der Rührung, des Dankes, der Freude in meine Augen. Da sank ich vor dem Allgütigen nieder und betete für unsern guten König, für mein Vaterland, für dich, geliebte Gemeine, für jeden Tugendfreund, für jeden Verirrten, für jeden thätigen Beförderer des Wahren und Guten, für jeden der noch die Finsternis mehr liebt als das Licht, für jeden Sterbenden, dessen Geist vielleicht mit dem fliehenden Jahrhundert diese Erde verließ. Da wallte mein Herz über von nie gehabten Gefühlen, von heißen Wünschen für das Wohl meiner Brüder. —

Soll ich sie dann heute noch einmal öffentlich wiederholen? Soll ich durch die ermüdende Länge, die Herkommen und Eitelkeit ihnen gab, die Andacht einer Stunde unterbrechen, die zu den feierlichsten unsers ganzen Lebens gehört? Nein, m. Z. das erwartet, das fordert ihr nicht an einem Tage den kein einziger unter uns wieder erlebt, bei dessen Rükkehr unser Grabeshügel verweht, unser Name vielleicht vergessen, unser Andenken größtentheils erloschen seyn wird. Wichtigere Gegen-

stände

stände fordern heute unsre Aufmerksamkeit. Heiligere Pflichten liegen mir ob in dieser festlichen Stunde, und ich wünsche, ich hoffe sie zu erfüllen, wenn ich unserm gemeinschaftlichen Nachdenken die Frage vorlege: **Was lehrt uns die Geschichte des verflossenen Jahrhunderts, und wozu verpflichtet sie uns beim Beginn eines neuen?**

Text. Psalm 143, 5.

Ich gedenke an die vorigen Zeiten, ich rede von allen deinen Thaten, und sage von den Werken deiner Hände.

Ich lege meinem heutigen Vortrage die Worte eines Königes zum Grunde, der einst durch seine Thaten eben so merkwürdig als durch seine Schicksale war. Oft verweilte er mit seinem Geiste bei den Begebenheiten der Vorzeit, und eben so oft dachte er über die Weisheit der göttlichen Regierung im Kleinen und im Großen, eben so oft über die Schicksale seines Volks und über die einzelnen Erfahrungen nach, die er selbst in seinem Leben gemacht hatte. Er verehrte in allen Ereignissen der verflossenen Tage den Einfluß einer höheren Hand, und schrieb sowohl ihren Gang als ihren Wechsel dem Gott zu, der alles regieret. **Ich gedenke,** sagt er, **der vorigen Zeiten; ich rede von allen deinen Thaten; ich sage von den Werken deiner Hände,** und mannigfaltig war der Nutzen, den ihm diese Beschäftigungen gewährten. In ihnen fand er Trost bei den widrigsten Schicksalen, in ihnen die mächtigste Stütze seines Vertrauens auf Gott, die stärkste Ermunterung zu treuer Erfüllung seiner Pflichten, und vielleicht hatte er seine schönsten Tugenden vorzüglich der Aufmerksamkeit zu danken, die er auf die verflossenen Zeiten zu richten gewohnt war. Lasset uns heute seinem Beispiele folgen. Lasset uns einige Blicke auf das Jahrhundert zurückwerfen, das wir gestern mit Dank und Rührung beschlossen. Reich an Beweisen

der

der Vatergüte Gottes, reich an Belehrungen für Verstand und Herz, reich an dringenden Antrieben immer weiser und pflichtmäßiger zu handeln, werden wir es finden.

Was lehrt uns die Geschichte des verflossenen Jahrhunderts, und wozu verpflichtet sie uns beim Beginn eines neuen?

Dies sei die wichtige Frage, die uns in dieser festlichen Stunde beschäftigt. Sie theilt sich von selbst in zwei andre:

1. **Was lehrt uns die Geschichte des verflossenen Jahrhunderts?**
2. **Wozu verpflichtet sie uns beim Beginn eines neuen?**

I.

Ich sage nicht zuviel, m. chr. Z. wenn ich offenherzig gestehe, daß eine gewisse Schüchternheit mich in meinen heutigen Vortrag begleitet. Ein langer, merkwürdiger Zeitraum, den unzählbare Wohlthaten Gottes, den eine Menge folgenreicher Begebenheiten für unser Vaterland bezeichnete, dehnt vor meinen Blicken sich aus. Ich soll euch zurückführen in die Vergangenheit, die eurem Auge bald Thränen der Freude, bald wieder Thränen des Kummers entlokte. Ich soll die Wahrheiten näher entwickeln, die uns die Geschichte eines ganzen Jahrhunderts ans Herz legt, und daraus die Pflichten herleiten, an die der Beginn eines neuen den Menschen, den Unterthan und den Christen erinnert. — Welch ein Geschäft m. Zuhörer! wie schwer ist es, nur das Wichtigste in die engen Gränzen einer einzigen Predigt zusammen zu drängen! Das wird man also nicht erwarten, daß ich mich auf einzelne Vorfälle eines Jahrhundertes einlasse, dessen leztes Jahrzehend allein so überreich an Veränderungen war, die den Blik und die Voraussicht der geübtesten Staatsmänner täusch-

ten.

ten. Nein, ich darf mich nur auf das Vornehmste einschränken darf selbst nur diejenigen Belehrungen ausheben, die mit dem Zwecke der heutigen Feierlichkeit in der nächsten Verbindung stehen. Und da scheint mir dann die erste, durch die Geschichte eines ganzen Jahrhunderts unleugbar bestätigte Wahrheit die zu seyn:

Ueber Preußens Staaten waltet eine besonders gütige Vorsehung. Sie war es, die schon im Anfange desselben auf **Friedrich des Ersten** Haupt die Königskrone sezte, und dadurch den Grund zum nachmaligen Glanze und zu der immer höhersteigenden Größe seines Hauses legte. Sie war es, die uns in einer ununterbrochenen Zeitfolge Regenten gab, deren jeder sich durch besondere Tugenden auszeichnete, die alle in dem großen Wunsche übereinstimmten, ihre Völker glüklich zu machen. Sie war es, die unsern Staat unter den größten Erschütterungen nicht nur aufrecht erhielt, sondern ihn beinahe aus jedem blutigen Kriege mächtiger und größer als jemals hervorgehen ließ. Sie flößte **Friedrich Wilhelm dem Ersten** jene weise Sparsamkeit, jene Sorgfalt für die Bildung eines mächtigen Kriegsheeres ein, die **Friedrich den Einzigen** in den Stand sezten, die gerechten Ansprüche seines Hauses geltend zu machen, und sich durch Hülfe seines unerschöpflichen Geistes in dem großen Kampfe mit dem halben Europa als Sieger zu behaupten. Noch lebt er in unsern Herzen, der Unvergeßliche, der ein menschenfreundlicher Held auf dem Schlachtfelde, ein Weiser in der Regierung seines Landes, ein Vater in der Sorge für seine Unterthanen war. Noch segnet jeder, der ihn näher kannte, seinen verewigten **Nachfolger**, der an edlem Willen, an milder Güte des Herzens unter den Gesalbten dieser Erde vielleicht nur wenig seines Gleichen fand. — So beglükte die Hand der Vorsehung Preußens Länder durch ein ganzes Jahrhundert mit einer Folge vortreflicher Monarchen, die nie die Wohlfahrt ihres Reichs aus dem Auge verloren, und sie selbst unter den heftigsten Stürmen aufrecht und blühend erhielten. So verschönerte sie uns endlich den Abend dessel-

desselben durch **Friedrich Wilhelm den Dritten**, dessen Huld und Güte sich in jedes Fühlenden Herz, Altäre des Danks und der Liebe erbaut. Unter seinem Schutze sank friedlich und sanft das scheidende Jahrhundert für uns ins Meer der Vergangenheit hin. Beglükt durch den goldnen Frieden, den uns seine Weisheit erhielt, entlockt nur fremde, entfernte Noth unserm Auge mitleidige Thränen, und wir genießen unter seinem Scepter einer Freiheit, die der Denkende mit Recht zu den größten Glükseligkeiten seines Lebens zählt.

Wie so ganz anders war es noch vor hundert Jahren in unserm Vaterlande! Da wurde ein großer Theil seiner Bewohner gewißermaßen nur geduldet. Da entzweiete noch gegenseitige Abneigung die Bekenner einer und derselben Religion. Da schien ihr erstes Gesez, das Gebot der brüderlichen Liebe, wo nicht ganz vergessen, doch allgemein vernachläßigt zu seyn. Da hinderte auf der einen Seite Bedrückung, und auf der andern tief im Herzen verborgne Erbitterung, jenen Gemeingeist, unter dessen beglückendem Einfluß allein die Wohlfahrt eines Landes zu blühen vermag. Da verbreiteten blinder Eifer und Verfolgungssucht, bald öffentlich, bald im Stillen, des Elendes viel. Da seufzten Tausende, aber immer vergebens, nach eignen Kirchen, in welchen sie ruhig und zwanglos Gott nach ihrer eignen Ueberzeugung verehren könnten. — Doch nun erschien, gleich einem Engel Gottes, **Friedrich der Große**, und mannigfaltige Segnungen folgten seinen Schritten. Ungehinderte Uebung der Religion, Freiheit im Denken und Glauben, gegenseitige Duldung, vermehrter Flor der Künste und Wissenschaften, sichtbares Zunehmen des allgemeinen Wohls, breiteten sich gleich den wohlthätigen Stralen der Sonne an einem schönen Frühlingsmorgen über unser glükliches Vaterland aus. Nun näherten sich allmählig die Partheien, zwischen denen Vorurtheil und Leidenschaft bis dahin eine unübersteigliche Scheidewand zog, verbanden sich zu gemeinschaftlicher Wirksamkeit für des Vaterlandes Beste, und bald entfremdete sie die Verschiedenheit der Meinungen nicht mehr. Brüderlich

reicht

reicht jezt der katholische Christ seinem protestantischen Glaubensbruder die Hand. Beide sind überzeugt, daß sie, wenn auch auf verschiedenen Wegen, doch einem und demselben Ziel entgegen wallen, und wieviel hat dadurch die Ruhe des Landes, die Religion, das Reich der Sittlichkeit und Tugend gewonnen. — Ehrwürdige Greise in dieser Versammlung, die ihr sie noch saht die vorigen Zeiten, und sie mit den gegenwärtigen vergleichen könnt; gewiß ihr fühlt es mit mir, daß schon dieser glükliche Wechsel allein uns das verflossene Jahrhundert zu einem der merkwürdigsten macht. Seine Geschichte ist der unleugbarste Beweis, daß nicht nur für Preußens Staaten überhaupt, sondern auch für Schlesien insbesondre eine gütige Vorsehung wacht. Dankbar erkannten dies schon längst seine Bewohner, denn sie liebten und schäzten die gekrönten Werkzeuge, deren sich Gott von Zeit zu Zeit zu ihrer Beglückung bediente.

Preußens Unterthanen zeichneten sich von jeher durch unbestechliche Anhänglichkeit, Ehrfurcht und Treue gegen ihre Landesherrn aus. Dies ist die andre Wahrheit, die uns die Geschichte des entwichnen Jahrhunderts lehrt. Jener Geist, der im Jahre 1675 den brandenburgischen Landmann beseelte, als er für seinen abwesenden Churfürsten unaufgefordert die Waffen ergriff, und in die zur Vertheidigung des Vaterlandes errichteten Fahnen den schönen Denkspruch setzen ließ: „Wir sind Bauern von geringem Gut, und dienen unserm Churfürsten mit Leib und Blut", jener Geist der Liebe und Treue erlosch nicht mit ihrem Zeitalter; er gieng auf ihre Nachkommen, gieng auch in andre Provinzen über, und zeigte sich besonders in unserm Vaterlande in mannigfaltigen, aber immer ehrwürdigen Gestalten. Man wird nicht leicht in der Geschichte ein Volk finden, das auf den Ruhm unbeweglicher Treue gegen seine Regenten so gegründete und verjährte Ansprüche hätte, als das unsrige. Diese pflichtmäßige, edle Gesinnung machte den preußischen Staat gleich anfangs so gefürchtet, daß keiner seiner eifersüchtigen Nachbaren es wagte, seinem Beherrscher die neuerlangte Krone zu entreißen. Sie gab ihm in der Folge ein immer

größe-

größeres Gewicht in der Reihe der übrigen. Sie war es, die ihn einst dem drohenden, dem nahen Untergange entriß. Als in jenem siebenjährigen Kriege halb Europa gegen den großen Friedrich auftrat, als er sein kleines Land von allen Seiten bestürmt, und oft bei weitem die größere Hälfte desselben von zahlreichen Feinden überschwemmt sah, was erhielt ihn da, daß er nicht bei aller Ueberlegenheit seines Geistes dennoch dem Sturme erlag?

O es war die Liebe, die Anhänglichkeit seiner Unterthanen, die ihn gleich einer undurchdringlichen Mauer umgab, die in den größten Gefahren nicht wankte, sondern immer höher stieg; in welcher er, wenn alles verloren schien, stets neue, nie ganz versiegende Hülfsquellen fand. Durch sie unterstüzt, gieng er dem oft zehnfach stärkeren Feinde muthig entgegen, und demüthigte seinen Stolz. Von ihr überzeugt, schlummerte er unbewacht in der armseligsten Hütte eben so ruhig, als in der Mitte seiner tapfern Heerschaaren. Von ihr, wie mit einem Schilde bedekt, gieng er aus dem großen Kampfe mit den mächtigsten Nationen der Erde unversehrt, und selbst als Sieger hervor. — O daß mir die Zeit nicht erlaubt dieses schöne Gemählde preußischer Unterthanentreue ganz zu vollenden! Aber es steht in den Jahrbüchern der Geschichte als ein bleibendes Denkmal zur Ehre unsers Volkes verzeichnet. Und noch, meine Zuhörer, ich sage es mit stolzem Entzücken, noch lebt und wirkt eben dieser Geist in unserm Lande. Noch können und dürfen wir jedem andern Volke den Vorzug darin streitig machen, und die Geschichte des entflohnen Jahrhunderts wird es noch der späten Nachwelt sagen: Preußens Volk sei ein Muster der Ehrfurcht und Liebe, des Gehorsams und der Treue gegen seine Beherrscher gewesen.

Zwar führte eben dieses Jahrhundert in seinem Laufe manches schwere Drangsal, manche allgemeine und besondre Noth mit sich; aber immer verherrlichte sich dabei die schützende oder helfende Vaterhand Gottes. Dies sey die dritte Wahrheit die wir beherzigen. Groß waren die Verheerungen mehrerer Kriege; aber Fleiß und Thätigkeit,

tigkeit, und Gottes Segen löschten schneller als man es zu hoffen gewagt hätte, ihre Spuren wieder aus. Tausende unsrer Brüder fielen in zahlreichen und blutigen Schlachten; und doch ist jezt unser Vaterland weit reicher an Bewohnern, als es jemals gewesen. Auch du, gutes Schweidnitz, littest zweimal durch einen verheerenden Brand, dreimal durch schreckensvolle Belagerungen, und einst raubte dir ein erbitterter Feind in wenigen Stunden einen großen Theil deiner sauer erworbnen Habe. Aber alle diese traurigen Schiksale sind längst überstanden, und wenn auch nicht vergessen, doch selbst mit ihren spätern Folgen schon lange verschmerzt. Diese unsre Kirche, wie oft traf sie das feindliche Geschütz; wie manchmal drohte ihr Verwüstung durch Feuer; und doch steht sie noch fest als ein ehrwürdiger Zeuge der göttlichen Güte. Auch jenes zertrümmerte Haus, das einzige Denkmal, das unsre Stadt von den Verheerungen des Krieges noch aufzuweisen hatte, wird bald verschönert aus seinem Schutte wieder emporsteigen. Oft waren unsre Fluren verödet, unsre Saaten zertreten, und der Wohlstand des Landes schreklich erschüttert. Aber jene verjüngten sichs aufs neue; Gott gab andre, desto reichlichere Ernten; Handlung und Gewerbe blühten schöner als ehemals auf. Oft weinte unser Auge schmerzlich, und die Zeit troknete unsre Thränen. Oft schien alles für uns verloren, und immer fanden sich Mittel und Wege zur Rettung, oder zum Troste. Oft ruhte die Last des Unglüks schwer auf uns, und siehe, die Vorsehung verwandelte es durch seine späteren Wirkungen in Segen. Kurz, die Geschichte des verflossenen Jahrhunderts ist im Großen und im Kleinen, im Allgemeinen und im Einzelnen ein redender Beweis, daß es zwar häufig Kummer und Sorgen, Noth und Elend in der Welt, aber auch immer eine Vaterhand gab, die uns nie sinken ließ, sondern liebevoll die Wunden wieder verband, die Menschen, oder ein höheres Verhängnis unserm Herzen geschlagen hatten. —

Wozu verpflichten uns nun diese Erinnerungen? so frage ich jezt, um darauf im andern Theile meiner Predigt zu antworten.

2.

Ohnstreitig zu frommen Danke gegen Gott, zu festem und vernünftigem Glauben an seine alles regierende Vorsehung. Innigst gerührt steht der Christ schon am Abend eines einzelnen Jahres da, wenn er die mannigfaltigen Freuden und Segnungen desselben bedenkt. — Was muß er nicht dann empfinden, wenn er durch Gottes Gnade ein ganzes Jahrhundert beschließt, das seine Vaterhand durch tausend unvergeßliche Wohlthaten vor andern auszeichnete! — Wo ist ein Land, in dessen Geschichte sich die merkwürdigsten und glücklichsten Begebenheiten so dicht an einander reihten; wo ist ein Volk, das Gott so sichtbar geschüzt, so reichlich gesegnet, so unverkennbar beglükt hätte, als das unsrige? Ihm, dem weisen Regierer aller Dinge, dankten wir die guten Könige, die mit Vatersinn und Weisheit das Scepter über uns führten. Ihm das wohlthätige Licht der Wissenschaften, der Denkfreiheit und ächten Christus-Religion, das immer heller unter uns aufgieng; ihm den Wohlstand unsers Vaterlandes, der zwar bisweilen erschüttert ward, aber immer blühender wieder hervortrat; ihm die Ruhe und den Frieden, die uns am Scheidewege zweier Jahrhunderte beglücken. — Ach! unsre Brüder am Inn und an der Donau feiern heute kein Fest der Freude wie wir. Mit Blut bedeckt schied das achtzehnte Jahrhundert von ihnen hin; blutig geht der Morgen des neuen über ihnen auf.

O wer sind wir, m. Z. daß Gott so Großes an uns gethan? Was für sittliche Vorzüge, oder Tugenden haben wir aufzuweisen die es verdienten, daß seine Güte sich an uns vor Millionen unsrer Brüder so ausgezeichnet verherrlichte? — So steige dann zu ihm, dem Allliebenden, unser Dank aus gerührtem Herzen empor, und beweise sich durch den ganzen Rest unsers Lebens. Nicht jener Dank blos, der in flüchtigen Gefühlen besteht, oder nur auf unsern Lippen wohnt; sondern ein solcher Dank, der sich durch Gehorsam gegen seine Gebote, durch festes und kindliches Vertrauen auf ihn, durch Achtung gegen unsre Pflichten, durch fortgesezte Veredlung unsrer Denkart und Handlungsweise bewährt.

Laßt

Laßt uns mit dem neuen Jahrhunderte unsre alten Fehler und Thorheiten ablegen; laßt uns weiser und besser, thätiger für Menschenglük und Menschenbildung werden, und dann mit Ueberzeugung glauben, daß Gott alles wohl mache, so sind uns seine Segnungen auch für die fernste Zukunst gewiß.

Er sorgt für uns nicht unmittelbar, sondern durch Werkzeuge, und seine ehrwürdigsten Stellvertreter sind die Könige dieser Erde wenn sie sein Bild an sich tragen, wenn sie ihm ähnlich sind, an Weisheit und Vaterliebe für ihre Völker. Sie lieben und ehren, ihnen mit unverbrüchlicher Treue zugethan bleiben, heißt seinen Gehorsam der Gottheit beweisen, und nur unter dieser Bedingung finden Völkerglük und allgemeine Wohlfahrt statt. So wäre dann das andre, wozu uns die Geschichte des vergangnen Jahrhunderts verpflichtet: fortgesezte Anhänglichkeit, Ehrfurcht und Treue gegen den König. Man nenne mir ein Land, dessen Gesezgebung weiser, dessen Gerechtigkeitspflege pünktlicher und unpartheiischer, dessen Wohlstand blühender wäre; dessen König den Namen eines guten Vaters mehr verdiente, als der unsrige. O er ist das edelste Geschenk, das die Vorsehung unserm Volke machen konnte; ist ein Kleinod, dessen Besitz uns die heitersten Aussichten in eine noch glüklichere Zukunft eröfnet. Aber kann er seine großen und liebevollen Absichten erreichen, wenn seine Kinder ihm nicht dazu die Hand bieten? Kann er bei aller Sorgfalt und Weisheit seine Länder beglücken, wenn nicht Achtung für die Gesetze, Liebe zur Ordnung, nützliche Thätigkeit, und gemeinschaftliches Wirken zu einem Zwecke die Herzen Aller beseelt? Dies waren die Grundsäulen, auf denen sich seit hundert Jahren Preußens Staat zu einem Muster für andre erhob. Verachtung dem Elenden, der sie aus Leichtsinn, oder niederm Eigennutz, oder aus Neuerungssucht untergräbt! Aber Heil dem Edlen, der sie durch Beispiel und treue Erfüllung seiner Pflichten befestigt! Nein, er soll nicht erlöschen unter uns der Ruhm des ächten Bürgersinnes, der unsre Vorfahren schmükte, der auch uns als ein ehrwürdiger Gefährte aus dem vergangnen Jahrhundert in das gegenwärtige begleitet.

Er soll nicht aussterben der Geist der Ordnungsliebe und Treue, der den guten, den christlichen Unterthanen bezeichnet. Wir wollen ihn übertragen auf unsre Kinder und Enkel, damit auch von uns der späte Nachkomme noch sagen möge: sie waren bieder und treu; sie fürchteten Gott, sie liebten das Vaterland, sie ehrten den König. — Ja, großer und guter Monarch, für den heute Millionen Wünsche zum Throne der Allmacht aufsteigen, oder, wie Du lieber gedacht seyn willst, **Vater Deines Volks!** Unsre Herzen huldigen Dir heute aufs neue. Wir schwören Dir, als wärst Du uns allen gegenwärtig, von neuem Gehorsam und Liebe, Ehrfurcht und Treue, bis einst der Allvergelter Dich spät zu höheren Belohnungen abruft. Nie sollen diese Gefühle weichen aus unsrer Brust. — **Wir leben, wir sterben für Dich und Vaterland, sobald unsre Pflicht es gebeut.** —

War es uns ein Ernst mit diesem Gelübde, gieng sie euch vom Herzen wie mir, diese heilige Zusage, nun wohl, so übernahmen wir auch mit ihr eine dritte heilige Pflicht: die Pflicht des unermüdeten Wirkens für alles, wodurch Menschenveredlung und Menschenglük befördert werden kann. Beide liegen unserm guten Könige am Herzen, für beide arbeitet er selbst mit rastloser Sorgfalt. Beide sind, wie die Geschichte der Vorzeit lehrt, die einzig sichern Stützen des allgemeinen Wohls. Je mehr Tugend, desto mehr edle Gesinnungen, desto lebhafteres Bewustseyn innrer Würde, desto mehr häuslicher Friede in Pallästen und in Hütten, desto weniger Noth und Elend, desto größer die Summe des gemeinschaftlichen Glüks. Je mehr nüzliche Thätigkeit in allen Ständen, desto zahlreicher sind die Quellen des öffentlichen Wohlstandes, desto milder sein Einfluß, desto gesicherter seine Dauer. — Und so weihe dann Jeder an dem Morgen eines neuen Jahrhunderts, dessen Abend er nicht erleben wird, sein Herz der Sittlichkeit und Tugend, und dem heiligen Berufe des Nüzlichwerdens, damit er einst am Ziele seiner Tage sich selbst sagen könne: ich habe nicht umsonst gelebt; ich habe den Zwek meines Da-

seyns

seyns erfüllt. So leuchte Jeder dem andern mit dem Beispiele der Achtung und Ehrfurcht gegen die Religion vor, die Gott dem Menschen zur Führerin auf dem Wege zur Ewigkeit gab. So setze sich Jeder mit männlichem Muthe dem reißenden Strome des Leichtsinns und der Ueppigkeit entgegen, der auch uns zu verderben droht, wenn ihm nicht Einhalt geschieht. So sei jedem das Gebot seiner Pflicht unverlezlich, so strebe Jeder, — ich nenne hier ein großes, vielsagendes Wort — nach der Würde eines rechtschaffenen Christen, die nicht mit dem Wechsel der Jahrhunderte vergeht. — Sei sie dann immer verschlossen vor unsern Blicken die Zukunft. Sei es uns verborgen, das mannigfaltige Gedränge der Schicksale, die uns erwarten. Wir gehen ihm getrost und furchtlos entgegen. Ueber unser Geschick waltet eben der Gott, unter dessen segnendem Schutze das vergangne Jahrhundert für uns so friedlich dahin sank und das neue so hofnungsvoll beginnt. —

Ja, er ist verschwunden vor unsern Augen der merkwürdige Zeitraum, o Vater, der so reich an deinen Segnungen war; aber nicht mit ihm das Andenken an deine Wohlthaten, nicht das dankbare Gefühl deiner erbarmenden Güte. Oft noch soll seine Geschichte in einsamen Stunden des Nachdenkens uns belehren und ermuntern, trösten und mit kindlichem Gehorsam, mit festem Vertrauen auf deine Vorsehung beleben. Nimm unsern gerührtesten Dank, — aber höre auch gütig die Wünsche, die wir heute dem Vaterlande und allen unsern Brüdern weihen.

Segne den allgeliebten König, den du uns gabst; die Zierde seines Thrones, die Freude seines Lebens, seine Gemalin und alles was seinem eben so sanften als großen Herzen theuer und werth ist. Laß ihn bis in die spätesten Zeiten ein Muster für die Regenten dieser Erde, das Glük seiner Völker, den Stolz seiner Unterthanen seyn. Sein Erstgebohrner werde wie Er, und seine erhabne Mutter müsse noch lange eine gerührte und glükliche Zeugin von dem Flor seines Hauses seyn. — Sie alle, die in dem weiten Gebiete der Preußischen Staaten, auf höhern oder niedern Stufen des Landes Beste mit Weisheit und rühmlichem Eifer befördern: sie alle, deren Muth uns schüzt, deren geprüfte Tapferkeit so oft schon das feindliche Schwerdt in der Scheide zurük hielt, beglücke mit den sichtbarsten Beweisen deiner Huld. Unter deinem segnenden Einflusse gelinge den Vätern unsrer Stadt ihre rühmliche Sorgfalt; blühe Handlung und Gewerbe; gedeihe die stillere Wirksamkeit des Bürgers; belohne sich der Fleiß des Landmanns; reife jeder gute Vorsatz zu edlen, dir gefälligen Thaten; breite Tugend und ihr Glück sich immer weiter unter uns aus, werde noch in fernen Jahrhunderten dein heiliger Name dankbar in diesem Hause verehrt; lächle bald ein allgemeiner Friede auf die Bewohner Deutschlands herab; verwechsele jeder, den du abrufen wirst, die Erde mit dem Himmel. —

Ja, diesem guten Gott, zu dem ich jezt betete, empfehle ich dich, geliebte Gemeine, dein irdisches Wohl, die Bildung und das Glük deines unsterblichen Geistes. Er stärke dich in der Schwachheit, gebe dir Muth in Gefahren, Fortgang bei deinen Geschäften, tröste dich im Unglük, erquicke dich im Leiden. Er lasse deine Kinder wohlgerathen, deine Jünglinge den Hofnungen des Vaterlandes entsprechen, deine Männer thätig seyn für Wahrheit und Tugend, und trage mit Vaterhänden jeden frommen Greis in deiner Mitte. —

Innigst gerührt reiche ich euch allen meine Freundeshand, um mit euch den Pfad des Lebens zu wallen, so lange es eurem und meinem Vater gefällt. Wie lange? — Ob früh oder spät das angefangne Jahrhundert mich in die Kreise meiner Vorgänger rufen wird, das weiß ich nicht. — Aber hört das heilige Gelübde, das ich am feierlichen Morgen desselben vor euch ablege. So lange Gott mir Kräfte verleiht, weihe ich sie euch und meinem Berufe. Ich werde nicht aufhören euch zu belehren, zu warnen, zu ermahnen, zu bitten, es mag fruchten oder nicht. Ich will nicht müde werden, euch Achtung gegen euch selbst, Gefühl für die Würde der Tugend einzuflößen, euch, so viel es der schwache Sterbliche vermag, weiser für die Erde und für den Himmel zu machen. — Dies gelobe ich, und Gott wird mir Kraft geben mein Gelübde zu halten. Amen.

Sollen wir
unser bisheriges Gesangbuch beibehalten,
oder es mit einem andern vertauschen?

Eine Predigt,

gehalten

am Kirchenfeste

den 22. September 1800.

von

Th. A. Kunowski,

Inspektor und Pastor prim. in Schweidnitz.

Breslau,
gedruckt bei Wilhelm Gottlieb Korn.

Wo irgend eine Gemeine sich großer, ausgezeichneter Wohlthaten Gottes rühmen darf, so ist es die unsrige. Wo irgend eine Kirche es vor tausenden verdient, ein Denkmal der göttlichen Allmacht und Güte zu heißen, so ist es diese. Beweise für diese Behauptung bietet uns in Menge die Vergangenheit und die Gegenwart dar. Gehet, m. Z., mit eurem Geiste in das verflossene Jahrhundert zurück; erinnert euch des unvergeßlichen Tages, dessen Gedächtniß wir heute erneuern; vergegenwärtiget euch nur im Allgemeinen die Geschichte der folgenden Zeiten, und ihr werdet mit mir in das Bekenntnis einstimmen: **Herr, wir sind viel zu geringe aller Barmherzigkeit und Treue, die du an uns und an unsern Vätern gethan hast!**

Was lange schon, aber immer vergebens, zahlreiche Gemeinen gewünscht hatten, das Glück der freien Religionsübung, das ward vor 148 Jahren der unsrigen gewährt. So genossest du, gutes Schweidnitz, seit mehr als zwei Menschenaltern schon eine Wohlthat, die viel andre sich gern mit den größten Aufopferungen erkauft hätten, die aber, außer dir, nur noch zwei Städten unsers Vaterlandes zu Theil ward. — Hieher wallten nun von nah und fern ganze Schaaren lehrbegieriger Christen, und von dieser Kirche ging Trost und Segen des göttlichen Wortes in ein ganzes Fürstenthum aus. Das wagten unsere guten Vorfahren wohl kaum zu hoffen, daß sie, die nur von Holz, die nicht von Stein und Mauern erbauet werden durfte, so lange stehen würde: das hätten sie vielleicht für unmöglich gehalten, wären sie bekannt mit allen den Gefahren gewesen, denen sie in einem so langen Zeitraume ausgesetzt war. Und doch steht sie noch fest, und zu unserer Freude da, als hätte nie das feindliche Geschütz sie getroffen, als hätten nie Brand und Verwüstung in furchtbarer Nähe gedroht.

Wenn daher irgend eine Gemeine sich zu innigem Danke gegen Gott, zu reiner, vernünftiger Verehrung seines Namens verpflichtet fühlen muß, so ist es die unsrige. Ich darf sie nicht erst nennen die Opfer des Danks, die dem Höchsten vorzüglich gefallen. Ein reines Herz, ein frommer Sinn, ein tugendhafter Wandel, ein Anbeten im Geiste und in der Wahrheit, ein williges Befördern alles desjenigen, wodurch er auch äußerlich von Menschen auf eine würdigere Weise verehrt wird: das ist es, was er mit Recht von allen fordert, denen er vor andern wohlgethan hatte. — Je länger eine christliche Gemeine sich schon im ruhigen, ungestörten Genusse des öffentlichen Gottesdienstes befand, desto gewisser läßt sich von ihr erwarten, daß sie nicht nur über seinen Zweck, sondern auch über die Mittel nachgedacht haben werde, durch deren Gebrauch er immer besser, vollständiger und allgemeiner erreicht wird; desto mehr darf man es fordern, daß sie zu Allem willig die Hand biete, was zur Verbreitung eines thätigen Christenthums und einer würdigern Gottesverehrung beitragen kann. Jedes Kirchenfest, das wir feiern, erhält, mittelst der geistigen Wohlthaten Gottes, an die es uns erinnert, eine neue Aufforderung dazu. Laßt mich dann auch das heutige zu dieser Absicht benutzen. Laßt mich eurer unpartheiischen Prüfung eine Frage vorlegen, die keinem Nachfolger Jesu gleichgültig seyn kann. Wann könnte ich dies auch schicklicher thun, als an einem Tage, wo ich euch zahlreicher als sonst um mich her versammelt sehe; wo ich weiß, daß mehrere Fremde gegenwärtig sind, auf die es mir vielleicht auch gelingt einige Eindrücke zu machen.

Ich trete nie ohne sorgfältige Vorbereitung unter euch auf; aber heute bin ich mir ihrer vorzüglich bewußt. Ich werde jedoch absichtlich allen Schmuck der Sprache vermeiden, um Allen desto verständlicher zu werden, und nicht das Ansehn zu haben, als wollte ich nicht sowohl euren Verstand überzeugen, als vielmehr euer Gefühl durch glatte Worte bestechen. Ich arbeite nie an einem öffentlichen Vortrage, ohne Gott anzuflehen, daß er mich durch seinen Geist in alle Wahrheit leite; aber diesmahl habe ich es mit vorzüglicher Inbrunst gethan. Theure, liebe Gemeine, vereinige dich mit mir in gleichem Gebete, wenn wir werden gesungen haben ꝛc.

Text. 1. Thessal. 5, 21.

Prüfet Alles, und das Gute behaltet.

Es giebt wohl nicht leicht eine Regel, m. Z., die von uns kurzsichtigen, dem Irrthume so sehr unterworfenen Menschen williger befolgt zu werden verdiente, als die Ermahnung des Apostels in unserm Texte. Gott gab uns eine vernünftige Seele, und mit ihr die heilige Verpflichtung, in allen Dingen nach richtiger Erkenntniß, oder, welches einerlei ist, nach Wahrheit zu streben. Aber nicht immer bietet sie sich unserm Geiste gleich beim ersten Anblicke dar. Oft muß sie lange und mühsam gesucht werden, ehe sie gefunden wird, und in den meisten Fällen ist sie nur die Frucht ruhiger, unpartheiischer und fortgesetzter Untersuchungen. Zu diesen aber nimmt sich der Mensch nur selten die gehörige Zeit. Bald läßt er sich durch den äußern Schein blenden, bald durch das Vorurtheil des Ansehens oder des Herkommens beschleichen; bald entscheidet er auch schnell nach gewissen Grundsätzen, die er einmal bei sich festgesetzt

setzt hat, ohne zu fragen, ob sie auf den vorliegenden Fall angewendet werden können, oder nicht. Aber daher dann auch die einseitigen und schiefen Urtheile, die er so manchmal fällt. Daher der zuvor gutgemeinte, aber doch oft unzeitige Eifer, mit welchem er bisweilen sogar eben das Gute verwirft, das er bei näherer Beleuchtung mit Dank annehmen würde. Erfuhr dies nicht selbst der redliche Apostel, dem die Worte unsers Textes gehören? War er nicht eine geraume Zeit lang der heftigste Gegner des Christenthums? Und warum das, m. Zuhörer? weil er es nicht kannte, es noch nie recht ernstlich geprüft hatte. Ich habe es unwissend gethan, so sagte er selbst, als ihn seine späteren Erfahrungen belehrt hatten, wie leicht man, auch bei dem besten Herzen und bei dem redlichsten Eifer, irren könne. Aber eben darum drang er auch in der Folge so ernstlich darauf, daß der Mensch seine Vernunft brauchen, und nie ohne vorgängige Untersuchung urtheilen solle, um sich vor schädlichen Täuschungen zu bewahren. Darum ruft er in unserm Texte jedem redlichen Wahrheitsfreunde zu: Prüfet Alles, und das Gute behaltet. Der Sinn dieser Worte ist klar. Wir sollen als vernünftige Menschen und als Christen zwar nichts blindlings annehmen, aber auch eben so wenig etwas blindlings verwerfen; sondern das Alte wie das Neue einer sorgfältigen Prüfung unterwerfen, und sodann das Bessere wählen. Hätte man diese goldne Regel immer befolgt, wie viel unnützer Streit, wie viel gegenseitige Erbitterung wäre unter den Christen vermieden worden!

Laßt uns dann weiser handeln, m. Zuhörer! Eine wichtige Angelegenheit beschäftigt seit einiger Zeit mehrere christliche Gemeinen, und auch die unsrige. Sie betrifft einen ehrwürdigen Theil unsers gemeinschaftlichen Gottesdienstes — den öffentlichen Gesang. Laut und unverhörbar regte sich seit Jahren schon bei einer beträchtlichen Zahl unserer jetztlebenden Christen der Wunsch nach einer neuen Liedersammlung, die den Bedürfnissen unserer Zeiten angemeßner wäre. Aber dieser Wunsch ist immer noch nicht ganz allgemein. Es giebt noch immer verschiedene, denen die Nothwendigkeit einer solchen Abänderung nicht einleuchten will, die ihre Gründe zu haben vermeinen, sich sogar für das Gegentheil zu bestimmen. Mögen sie auch, wie ich glaube, nur die kleinere Zahl ausmamachen, so können sie gleichwohl mit Recht fordern, daß man auch auf ihre Meinung Rücksicht nehme. Wahrheit kann indessen nur auf einer Seite seyn. Auf welcher? darüber muß eine unpartheiische Prüfung entscheiden. Lasset uns also die Gründe beider Theile sorgfältig gegen einander abwägen, und dann mag unsere Vernunft, dann unser Gewissen den Ausspruch thun.

Sollen wir unser bisheriges Gesangbuch beibehalten, oder es mit einem andern vertauschen?

Darüber wollen wir jetzt ruhig und unbefangen nachdenken.

1) Was spricht für den fernern Gebrauch des alten Gesangbuches?

2) Was könnte uns bestimmen, es mit einem andern zu vertauschen?

Du aber, Allgütiger, der du die Wahrheit liebst und auch uns sie zu lieben befahlst, leite selbst unsern forschenden Verstand, damit wir in dieser wichtigen Angelegenheit deinen guten und heiligen Willen deutlich erkennen. Laß uns, frei von partheiischer Vorliebe, mit redlichem, unbefangenem Herzen untersuchen, was auch hier unsere Pflicht sei, und uns alsdann mit Freuden zu dem entschließen, was Vernunft und Religion, was du selbst von uns forderst. Deiner Wahrheit helles Licht leuchte auch heute unsern Seelen, daß wir ihrem Unterrichte folgen, und das Beste wählen. Amen.

I.

Um in einer zweifelhaften, oder noch nicht ganz entschiedenen Sache einen vernünftigen Entschluß fassen zu können, muß man sie genau und von allen Seiten betrachten. Und um zu erfahren, welche Parthei von zwei verschieden denkenden eigentlich Recht hat, müssen beide Gründe gewissenhaft und richtig geprüft werden. Nach diesem Grundsatze, den Vernunft und Religion in gleichem Grade billigen, laßt mich auch heute zu Werke gehen. Ich wende mich daher zuförderst an diejenigen meiner Zuhörer, die es wünschen, daß man eben die Liedersammlung, die ihnen bisher zur Erbauung diente, auch künftig noch beibehalten möge. — Ich bin weit entfernt zu glauben, daß bey diesem Wunsche nur Eigenwille, oder eine blinde Anhänglichkeit an das Alte zum Grunde liege; ich bin vielmehr überzeugt, daß sie es redlich mit Religion und Christenthum meynen, und daß es ihnen an Gründen nicht fehlt, die sie für ihre Meinung anführen können. Ich selbst würde es nicht billigen, wenn man in einer so wichtigen Angelegenheit voreilig zu Werke gehen wollte, und ehre daher, besonders in diesem Falle, jede Bedenklichkeit, die aus einem Herzen fließt, das von ächter Wahrheitsliebe beseelt wird. Aber eben diesen guten, redlichen Seelen muß selbst daran gelegen seyn, zu wissen, ob ihre Gründe die Probe halten oder nicht, da auch der Weiseste sich irren kann. Lasset sie uns daher vor den Richterstuhl der Vernunft und der Religion ziehen, und dann mag eure eigene Einsicht entscheiden.

Der erste und allgemeinste Grund, der mir bekannt geworden, ist: Wir sind einmal an unser Gesangbuch gewöhnt, und können uns also nicht entschließen, es mit einem noch unbekannten zu vertauschen. Mehr als vierzig Jahre war es gleichsam unser Gefährte in den frohen und traurigen Tagen unsers Lebens. Zu ihm nahmen wir unsere Zuflucht, wenn unserm Herzen um Trost bange war, und suchten ihn darin nicht vergebens. Aus ihm schöpften wir Nahrung für unsere dankbaren Gefühle, wenn Gottes Vorsehung uns einen Tag der Freude geschenkt, oder unsere Unternehmungen mit einem glücklichen Erfolge gekrönt hatte. Wie manches erbauliche Lied hielt uns in der Jugend von schädlichen Verirrungen zurück, oder stärkte uns in der Folge auf dem Pfade der Tugend. Aus diesem Buche waren die Gesänge genommen, unter welchen so manche uns theure Personen hinüberschlummerten in die bessere Welt. Wie kann man uns denn zumuthen, eine Liedersammlung fahren zu lassen, die uns nicht nur durch einen vieljährigen Gebrauch, die uns

auch

auch durch so manchen besondern Umstand schätzbar geworden, und an welche sich so viele, theils frohe, theils wehmüthig süße Erinnerungen aus der Vergangenheit knüpfen? — Ich gestehe, m. Z., daß diese Gründe ungemein viel Scheinbares haben. Wer trennt sich wohl gern oder mit gleichgültigem Herzen von einem alten Freunde, gesetzt auch, daß ein Würdigerer ihm seine Arme wieder entgegen breitete? Meinungen und Lieder werden uns, wie die Menschen, werth, wenn wir lange Umgang mit ihnen hatten, und wir müßten unsere natürlichen Gefühle verleugnen, wenn wir fähig wären, sie aus bloßer Neuerungssucht, und ohne wichtige Ursachen aufzugeben. — Aber, die Hand ans Herz, m. Z. verlangt man denn von euch, daß ihr euch ganz und auf immer von ihnen trennen sollt? Bleiben sie nicht nach wie vor in euren Händen? Steht es nicht Jedem frei, sich, so oft er will, für sich daraus zu belehren und zu erbauen? Eben durch diesen häuslichen Gebrauch wurden sie ja eurem Herzen so wichtig und werth. Da wähltet ihr nach Beschaffenheit eures äußern oder innern Zustandes, den ihr allein genau beurtheilen konntet, passende Gesänge, und diese gaben euch Trost oder Ermunterung zum Guten. Vielleicht gingen Jahre lang hin, ehe eins oder das andere dieser Lieder in der Kirche gesungen ward, aber desto öfter benutztet ihr sie in der Stunde eurer häuslichen Andacht, und immer tiefer drangen dann die darin enthaltenen Wahrheiten in eure Herzen. Wenn ihr also ruhig darüber nachdenkt, so werdet ihr selbst finden, daß sie euch nicht sowohl durch den öffentlichen, als vielmehr durch den Privatgebrauch so theuer geworden sind. Dieser bleibt auch künftighin Jedem unverwehrt, und so kann dann der angeführte Grund wohl Keinem ein gültiges Recht geben, sich der Einführung eines verbesserten und vollständigern Gesangbuchs geradehin zu widersetzen.

Aber, sagt ihr, wir können einen beträchtlichen Theil dieser Lieder auswendig. Soll alle die saure Mühe umsonst seyn, die ihre Erlernung uns kostete, oder sollen wir sie uns noch einmal mit den neuen geben? Das sei fern, m. Z., daß man euch das zumuthen sollte. Sie bleiben ja euer Eigenthum; sie werden nicht hinweggelöscht aus eurer Seele, wenn wir uns auch im Hause des Herrn gemeinschaftlich aus andern erbauen. Ueberhaupt wurden sie uns auch nicht zur Uebung unsers Gedächtnisses, sondern zur Uebung des Herzens in guten, christlichen Gesinnungen gegeben, und dieser Hauptzweck wird durch auswendiglernen derselben oft mehr gehindert, als befördert. Lehrt nicht die Erfahrung, daß alles, was dem Menschen zu bekannt und zu geläufig ward, nur wenige Eindrücke auf seine Seele macht? Wer betet wohl das Vater unser, oder seine gewöhnlichen Tischgebete, mit der Andacht, mit der Erhebung seines Herzens zu Gott, mit der Sammlung seiner Gedanken, die dazu erforderlich ist! Welcher Unpartheiische wird es nicht einräumen, daß sie in den meisten Fällen nur hergesagt werden, ohne daß man dabei das Mindeste denkt! So geht es dann auch nur zu oft mit den Liedern, die man durch öftere Wiederholung seinem Gedächtnisse eingeprägt hatte. Man hat dann nicht nöthig, seinen Blick auf Worte und Ausdrücke zu richten. Das Auge schweift also unbeschäftigt umher; die Seele wird durch fremde Gegenstände unwillkührlich angezogen und zerstreut, und so geht nicht selten die schönste Wirkung des erbaulichsten Gesanges verloren. Ich will damit keinesweges behaupten, daß man nicht auch das bekannteste Lied mit wahrer Andacht singen könne. Aber wer das menschliche Herz kennt, wer es mit sich selbst und seinen Brüdern gut meint, wem es um wahre Erbauung zu thun ist, der wird nicht darüber klagen; er wird sich vielmehr freuen, wenn es, außer den schon zu bekannt gewordenen Gesängen, noch andere minder bekannte giebt, die die Aufmerksamkeit des Menschen, theils durch ihren fruchtbaren Inhalt, theils durch den Reiz der Neuheit, wecken und festhalten.

Doch wozu, höre ich sagen, wozu überhaupt ein anderes Gesangbuch, da das alte hinlängliche Kraft und Ermunterung zur Tugend gewährt? Fanden nicht unsere Väter beides zur Genüge darin? Sind sie nicht bei dem Gebrauche desselben selig geworden? Warum sollen wir uns nicht eben der Hülfsmittel bedienen, die ihnen den Weg zum Ziele gebahnt haben? Ich antworte: unsere Voreltern mußten damit zufrieden seyn, denn sie hatten kein besseres,

und

und sie konnten es seyn, denn es war dem Geiste und den Bedürfnissen ihrer Zeit vollkommen gemäß. Aber nahmen nicht auch sie es erst vor ohngefehr funfzig Jahren statt des ehemaligen Schweidnitzischen an? Gaben sie uns nicht sonach selbst das Beispiel, daß man sich auch hierin nach der Beschaffenheit seines Zeitalters richten müsse? Sie waren gewiß weit entfernt, ihren Vätern, die sich einer ältern Liedersammlung bedient hatten, die Seligkeit abzusprechen, und dennoch griffen sie mit Freuden zu einer vollständigern und bessern, die sich ihnen darbot. Aber wie sehr hat sich nicht seit ihren Tagen der Geschmack und die Sprache der Menschen verändert! Redensarten und Worte, die sonst täglich vorkommen, sind jetzt veraltet, und nicht mehr gebräuchlich. Bildliche Ausdrücke, die man ehemals unbesorgt brauchen konnte, kommen, selbst in der Sprache des gemeinen Lebens, nicht mehr vor, und haben zum Theil ein zweideutiges Ansehen erhalten. Wir befinden uns daher gewissermaßen in eben dem Falle, in welchem sich vor einem halben Jahrhunderte unsere Vorfahren befanden; und man kann wohl nicht sagen, daß wir ihnen einen stillschweigenden Vorwurf machten, wenn wir aus ähnlichen Gründen eben das thun, was auch sie ein einst zur Ehre Gottes gethan haben. — Ueberhaupt, m. Z., wenn jener Grund gelten sollte, so müßte nie eine zweckmäßige Neuerung Statt gefunden haben; so müßten Aberglaube und Irrthum noch jetzt mit eisernem Scepter regieren; so wäre es Recht gewesen, daß man einst den Christen, die von der herrschenden Parthei abgegangen waren, ihre Kirchen verschloß. Wir glauben, nach dem ausdrücklichen Zeugnisse der heiligen Schrift, daß in allerlei Volk, wer Gott fürchtet und recht thut, ihm angenehm, und der Seligkeit empfänglich sei. Und doch traten Jesus und seine Apostel auf, um Juden und Heiden eine bessere Religion anzutragen. Wir sind fest überzeugt, daß, wer an Jesum glaubt und seine Lehre befolgt, auch dann, wenn er in gewisser Hinsicht noch irren sollte, nicht verloren gehen, sondern das ewige Leben haben werde. Und doch freuen wir uns, und zwar mit Recht, des helleren Lichts, in welchem wir wandeln. Wäre also auch unser bisheriges Gesangbuch für die verflossene Zeit noch so gut und hinreichend für unsere Erbauung gewesen, so kann und

darf

darf uns doch das nicht hindern, es mit einem noch besseren zu vertauschen.

Aber, sagt man vielleicht, wir sind nun einmal mit dem, was wir haben, zufrieden, und verlangen kein anderes. Dies, m. Z., gilt gewiß nicht von allen, sondern nur von einigen. Es giebt in unserer Stadt- und Landgemeine zu viele, deren Geist durch Lesen neuerer Bücher genährt und gebildet ist; zu viele, die bereits eine nähere Bekanntschaft mit den herrlichen und herzerhebenden Gesängen der neuern Zeiten erlangt haben, als daß sie nicht wünschen sollten, sie auch bei uns eingeführt zu sehen. Sie fühlen ein höheres Bedürfniß, das durch die alten Lieder wenigstens nicht ganz mehr befriedigt wird. Sie finden vielleicht so manches anstößig, oder doch die Erbauung nicht dabei, die man ehemals fand, und wünschen daher mit Recht, die Religionswahrheiten, die sie enthalten, in einer für unsere Zeiten passendern Sprache und Einkleidung dargestellt zu sehen. Sollen wir auf diese, die höchst wahrscheinlich den größern Theil ausmachen, gar keine Rücksicht nehmen? Sollen wir es mit Gleichgültigkeit ansehen, daß sie nach und nach aus unsern kirchlichen Versammlungen zurücktreten, weil sie ihrem Geiste die Nahrung nicht geben, die er zu fordern berechtigt ist? Sollen wir nicht vielmehr willig dazu beitragen, daß der öffentliche Gottesdienst auch den gebildetern Ständen wieder wichtiger und ehrwürdiger werde? — Du gefällst dir vielleicht noch sehr wohl in deiner niedrigen, schon baufällig werdenden Hütte, weil du von Jugend auf gewohnt warst, mit gesenktem Haupte in derselben umher zu gehen, oder weil sie mit dir hinaufgealtert ist. Aber wäre es nicht unbillig, wenn du verlangen wolltest, daß auch Andere sich keine bessere oder bequemere suchen sollten? Nein, m. Z., wer wirklich von dem Geiste wahrer Nächstenliebe beseelt ist, der wird auch in dieser Angelegenheit nicht bloß auf das Seine, sondern auch auf das sehen, was des Andern ist. Er wird nicht nur seine eigene Erbauung, sondern auch die Erbauung seiner Mitchristen wünschen, und gern die Hand zu dem bieten, wodurch diese ehrwürdige Absicht erreicht wird.

Doch,

Doch, ich muß noch einen Grund berühren, der nicht minder als jene unsere Prüfung verdient. Gern würden wir uns, wenden mehrere ein, zu einem andern Gesangbuche entschließen, aber wie sehr wäre dann der Arme zu beklagen! Soll er zu einer Zeit, wo es ihm schon schwer wird, nur seine dringendsten Bedürfnisse zu befriedigen, zu einer Ausgabe genöthigt werden, die ihn drücken muß, die er vielleicht bei dem besten Willen nicht bestreiten kann? — Ich ehre diese Einwendung vor allen übrigen, sobald sie nicht leere Ausflucht ist und wirklich aus einem menschenfreundlichen Herzen hervorgeht. Aber eben die edle Quelle, aus welcher sie fließt, läßt mich hoffen, auch diese Schwierigkeit gehoben zu sehen. Ich müßte sie nicht kennen, die Gesinnungen meiner Gemeine, müßte ihn nicht kennen, den Geist der Milde, der in uns herrscht, der sich so oft schon gegen ganz Fremde bewies, um mir nicht auch hier Alles von ihm zu versprechen. Nein, ihr werdet sie nicht vergessen, Reiche und Wohlhabende unter uns, eure ärmeren Brüder. Ihr werdet gern einen Theil des euch von Gott geschenkten Segens zu einem wohlthätigen Zwecke bestimmen. Ihr werdet mit Freuden dazu beitragen, daß dem wirklich Armen unentgeldlich ein Buch in die Hände gegeben werden könne, aus welchem er Muth und Trost unter des Lebens Bürden schöpfen, für das euch seine Freudenthräne noch in der Ewigkeit danken wird. Trauert also nicht, dürftige Mitglieder dieser Gemeine, fürchtet nicht, daß ihr die Belehrung würdet entbehren müssen, die eine neue Liedersammlung euch gewähren könnte, denn Gott und gute Menschen werden für euch sorgen.

Und so hätte ich euch denn, m. Z., diejenigen Gründe, die für die Beibehaltung unsers bisherigen Gesangbuchs sprechen, näher aus einander gesetzt. Ich hoffe, man wird mir das Zeugniß geben, daß ich mit Unpartheilichkeit zu Werke ging, und sie nicht von ihrer schwächern, sondern von ihrer stärkern Seite dargestellt habe. Laßt mich euch nun noch zweitens diejenigen Gründe vorlegen, die uns bestimmen könnten, es gleichwohl mit einem andern zu vertauschen.

Der erste ist: die unleugbare Unvollständigkeit des alten Gesangbuchs bei allem Reichthume seiner Lieder. Mag es immer einzelne noch so vortreffliche Gesänge enthalten, so ist doch so viel gewiß, daß ein beträchtlicher Theil der übrigen, in unsern Tagen, wo ein ganz anderer Geschmack herrscht, nicht mehr gesungen werden konnte. Andere mußten wegen ihrer beinahe ermüdenden Länge, noch andere wegen ihrer ganz unbekannten Melodien weggelassen werden, und oft war ein einziger Vers, oder ein einziger veralteter, unschicklich gewordener Ausdruck Ursache, daß man Anstand nehmen mußte, ein übrigens erbauliches Lied singen zu lassen. Der gemeinschaftliche Gesang im Hause des Herrn soll das Gemüth vorbereiten auf den Vortrag seines Worts; er soll das Herz in diejenige Stimmung versetzen, bei welcher die abzuhandelnden Wahrheiten leichtern Eingang finden; er soll gleichsam der Predigt selbst den Weg bahnen, damit sie desto kräftiger und bleibender wirke. Aber wie schwer ist es oft, hierzu nur einigermaßen passende Lieder zu finden! Giebt es doch selbst für die heutige Feierlichkeit nicht einen einzigen Gesang, der ganz für sie geeignet wäre. Ich kann es betheuern, daß ich oft Stunden lang vergebens suche, daß ich jedes Lied sorgfältig durchlese, ehe ich es für die öffentliche Erbauung bestimme, und doch ist es mir vor einigen Monaten begegnet, daß in einer ältern Ausgabe des sonst schönen Liedes: Gott, du bist mein Gott gewesen ꝛc. *) ein höchst unschicklicher Ausdruck vorkám, der Mehreren mit Recht zum Anstoße gereichte. Ist es daher wohl zu verwundern, wenn der Wunsch immer lauter und allgemeiner wird, daß wir ein Gesangbuch besitzen möchten, aus welchem der Gebildete wie der Ungebildete, der Starke wie der Schwache sich Nahrung für Geist und Herz einsammeln könnte? Heißt es nicht dem hohen Berufe eines Christen, der täglich in der Vollkommenheit wachsen soll, gemäß handeln, wenn man diesen Wunsch zu befriedigen sucht?

Schon haben daher Mehrere unter uns, schon hat beinahe ein ganzes Dorf in unserer Gemeine, zu seiner Ehre

BIBL. UNIV. WROCŁAW

*) In der Ausgabe von 1759. Nro. 177. v. 5.

Ehre sei es öffentlich gesagt, sich das neue vaterländische Gesangbuch angeschafft, und wer es kennt, wer es unpartheiisch geprüft hat, der muß auch, zweitens, um seiner entschiedenen Vorzüge willen seine allgemeine Einführung wünschen. Hier finden wir die ehrwürdigen Denkmäler von Luthers Dichtergeist und Heldenglauben unverändert, und den Kern unserer alten Gesänge mit den Verbesserungen wieder, die Zeit und Umstände durchaus nothwendig machten. Hier haben wir eine Auswahl der besten und geistreichsten Lieder unserer Zeiten beisammen. Hier kommt kein zweideutig gewordenes Bild, kein veralteter oder unverständlicher Ausdruck aus fremden Sprachen mehr vor. Hier ist gleichsam für jeden Stand, für jede öffentliche Religions-Feierlichkeit, für jede frohe oder traurige Lage des einzelnen Christen besonders gesorgt. Kurz, aus diesem Buche kann jedes Lied in der gemischtesten Versammlung gesungen werden, kann der Gebildete wie der Ungebildete, der Hohe wie der Niedrige, der Gelehrte wie der Ungelehrte sich mit Nutzen erbauen. Männer von bekannter Einsicht und Gewissenhaftigkeit sammelten es nach reifer Ueberlegung, und an ihrer Spitze steht ein achtungswerther Greis, dessen Kenntnisse und Redlichkeit, dessen warmer Eifer für die reine evangelische Lehre durch eine vierzigjährige treue Amtsführung hinlänglich bewährt sind. Leset, was er selbst in seiner Vorrede zu diesem Buche sagt; prüfet die Gründe, die er anführt; noch mehr: prüfet diese Liedersammlung selbst, und ihr werdet euch ohne Mühe überzeugen, daß keine unserer Glaubenslehren darin fehlt, daß alle uns mit Recht so theuern Religionswahrheiten darin enthalten sind, und daß man ihnen nur ein besseres Kleid, nur ein Gewand gab, das dem Geschmacke unserer Zeiten besser entspricht. Wenn sie nun aber von den Mängeln der früheren möglichst gereinigt ist, wenn durch sie offenbar eine allgemeinere Erbauung befördert wird, und der Spottgeist seine Nahrung verliert, wenn sie wirklich eigenthümlichen Werth und entschiedene Vorzüge besitzt, welcher rechtschaffene, vernünftige Christ sollte sich dann nicht gern sie anzunehmen entschließen!

Verbindet hiermit, drittens, die unleugbare Wahrheit: daß der Geist unserer Zeiten auch in Absicht

auf

auf den öffentlichen Gesang gewisse Verbesserungen fordert, die nicht länger ausbleiben dürfen, wenn die Achtung für die Religion selbst nicht bei einem beträchtlichen Theile unserer Mitchristen geschwächt werden soll. Zwar bleibt ihr innerer Werth derselbe, sie mag so oder anders, sie mag in einer veralteten oder gebildetern Sprache vorgetragen werden. Aber sieht nicht gleichwohl der größte Theil der Menschen auf das Aeußerliche? Fordert ihr nicht selbst von euern Seelsorgern, daß sie an heiliger Stäte nicht mehr so wie vor hundert Jahren, sondern wie es jetzt Sitte ist, reden sollen? Besucht ihr nicht insgesammt diejenigen Vorträge am liebsten, in welchen neben der gehörigen Gründlichkeit auch ein faßlicher, reiner und gefälliger Ausdruck herrscht? Ich will jenen Religionslehrern der vorigen Jahrhunderte ihren entschiedenen Werth keinesweges benehmen. Aber wenn auch die beliebtesten unter ihnen jetzt wieder auftreten sollten, sie würden warlich den Beifall nicht finden, der ihnen ehemals in so vollem Maaße zu Theil ward. So verhält es sich dann auch mit unsern bisherigen Gesangbüchern. Sie waren einst gut, und sind es noch, in Absicht auf die Wahrheiten und Gedanken, die sie enthalten. Aber sie passen nicht mehr auf unsere Zeiten in Ansehung des Ausdrucks und der Einkleidung. Sie geben daher nicht selten dem Leichtsinnigen Gelegenheit zum Spott, vertragen sich nach dem Urtheile aller Sachverständigen nicht mehr mit der Würde unserer öffentlichen Gottesverehrungen, und schwächen bei Vielen, auf eine zwar entfernte, aber doch natürliche Weise die Achtung für die Religion selbst. Woher käme es sonst, daß man seit einigen Jahren fast in allen deutschen Ländern auf verbesserte Liedersammlungen dachte, und sie an mehreren Orten auch wirklich einführte? Sollen wir lieblos glauben, daß allen diesen Menschen ihre Religion gleichgültig war, weil sie sich zu dieser Abänderung entschlossen? Oder müssen wir nicht vielmehr annehmen, daß sie es für nothwendig hielten, auch hierin mit dem Geschmacke unsers Zeitalters fortzuschreiten? Und wenn das ist, m. Z., so findet eben dieses Bedürfniß auch für unsere Gemeine Statt. Wer also nicht mit sich selbst im Widerspruche stehen will, der kann sich wohl nicht weigern, eine Sammlung von Gesängen anzunehmen, deren

Sprache mit derjenigen, die er von öffentlichen Vorträgen fordert, mehr übereinstimmt.

Setzet endlich zu dem Allen noch, daß der Entschluß, den wir in dieser Angelegenheit fassen, für andere Gemeinen in einem hohen Grade wichtig und entscheidend ist. Breslau hat zur Ehre Gottes und zu seinem eigenen Ruhme mit dieser Verbesserung den Anfang gemacht. Aber mehr noch, als auf diese Hauptstadt unsers Vaterlandes, sind die Augen vieler Gemeinen auf die unsrige gerichtet. Schon wünschten sich mehrere unter ihnen das verbesserte Gesangbuch, aber sie wollen ihrer Mutterkirche *) nicht vorgreifen. Sie waren es von jeher gewohnt, daß gute und ehrwürdige Kirchengebräuche von Schweidnitz aus in ihre Kirchen übergingen, und warten daher nur daß wir mit unserm Beispiele vorangehen sollen. Lasset sie diese Hoffnung nicht vergebens gefaßt haben. Ergreifet vielmehr mit Freuden die Gelegenheit, die sich euch darbietet, auf Tausende zu wirken und auch in entfernten Gemeinen durch euer Beispiel Gutes zu stiften. Es ist bekannt, daß das alte Gesangbuch schon jetzt nicht mehr zu haben ist, und eben so bekannt, daß auch keine neue Auflage desselben mehr veranstaltet wird. Sollten wir so lange zögern, bis der gänzliche Mangel dieses Erbauungsbuchs uns doch zu einer Aenderung nöthigt? Wollen wir uns nachsagen lassen, daß wir das Bessere nicht eher angenommen hätten, bis wir das Unvollkommnere nicht mehr erhalten konnten?

In Wahrheit, m. Z., wenn ich dies alles zusammen nehme, wenn ich die Gründe dafür und dawider gewissenhaft abwäge, so dringt sich mir mit unwiderstehlicher Stärke der Gedanke auf: daß es heilige Pflicht der Religion ist, uns einem Vorhaben nicht zu widersetzen, dessen Zweck so edel, dessen Ausführung für die Würde des öffentlichen Gottesdienstes so wichtig und noth-

*) So wird die evangelische Kirche zu Schweidnitz noch immer in der hiesigen Gegend genannt.

nothwendig ist. Lange und viel habe ich darüber nachgedacht, habe inbrünstig zu Gott um seine Erleuchtung gefleht, und kann nun desto freimüthiger betheuren, daß dies meine feste und innige Ueberzeugung sei. Sie wird mich durch den Rest meiner Tage begleiten; sie wird mich in der Todesstunde nicht verlassen, und ich hoffe getrost, sie einst noch vor dem Richterstuhle Jesu verantworten zu können. — Einst müssen wir Alle Rechenschaft geben. Ich über das, was ich euch vortrug; ihr über das, was ihr aus meinem Munde gehört habt. O möchten wir Alle mit Freudigkeit vor ihm bestehen!

Und so übergebe ich dann, Allgütiger, auch diese Angelegenheit vertrauungsvoll deinem höhern Einflusse, deiner Alles regierenden Vorsehung. In deiner Hand steht der Erfolg unserer Bemühungen. Wir können nur lehren, ermahnen und bitten. Segen und Gedeihen kommt von dir. So leite dann auch meinen heutigen Vortrag uns zum Heil und dir zur Ehre. — Segne noch fernerhin diese ganze Gemeine. Verbreite deinen allmächtigen Schutz auch künftig über dieses deiner Anbetung geweihte Haus. Gieb, daß wir dich hier immer vernünftiger, immer mehr nach deinem Willen und Absichten verehren. Und hätte vielleicht auch diese Versammlung dazu etwas beigetragen, dann können und werden wir uns des heutigen Tages noch in der Ewigkeit freuen. Amen.

BIBL. UNIV. WROCŁAW

Anlage 9.4

1.

41881

Predigt

bey der Feier

des

hundert und funfzigjährigen

Jubelfestes

der

evangelischen Friedenskirche vor Schweidnitz,

gehalten

von

G. A. Kunowski

Königl. Kreisinspektor und Pastor primarius

Schweidnitz,

gedruckt und im Verlag bey Johann Christian Müller.

Den

verehrungswürdigen Vorstehern

unserer Kirche,

und sämtlichen

verdienstvollen Mitgliedern

Eines

Wohllöblichen Kirchen-Collegii,

Männern,

die

im Geist ihrer verewigten Vorfahren,

für

das Beste unsrer Kirche

mit

rühmlichem Eifer,

und mit

gewissenhafter Thätigkeit

sorgen,

widmet diese Predigt

hochachtungsvoll,

der Verfaßer.

Sei uns gesegnet, festlicher Tag, ersehnt von Kindern und Jünglingen, von Männern und Greisen; mit Entzücken begrüßt von dieser ganzen Gemeine — du, unsers Gottes Tag! — Nur in dunkler Ferne ahneten dich einst unsre verewigten Vorfahren. Wir sehn, wir feiern und — weihen dich dem Herrn!

Ja, Allgütiger, mit unaussprechlichen Gefühlen erheben wir jezt unsre Herzen zu dir, um die Opfer unsres Danks vor deinem Throne niederzulegen. Mehr als wir bitten und verstehen, mehr als wir alle verdienen; mehr als unsre frommen Väter je zu hoffen gewagt hatten, ward uns durch deine Güte geschenkt. — Unter Freudenthränen heiligten sie einst diesen Plaz deiner Anbetung, bauten sie dies deiner Verehrung gewidmete Haus, und schon seit anderthalb hundert Jahren sammlet hier eine zahlreiche Gemeine Nahrung für ihren unsterblichen Geist, Muth unter des Lebens Bürden und kräftige Ermunterung zur Tugend ein.

Wer nennt uns alle die Frommen die hier in der Liebe zum Guten befestiget, alle die Traurigen die hier beruhiget und gestärkt, alle die Glücklichen die hier für den Himmel gebildet und vorbereitet; wer berechnet die Summe der edlen Gesinnungen und Vorsätze die hier geweckt wurden, und dann unter deinem segnenden Einfluße reiften zu dir gefälligen Thaten! Wer mißt die Größe deiner Vaterhuld die uns dies Heiligthum unter Krieg und Feuers Gefahren so lange erhielt! Erbarmender! wie sollen wir dir vergelten alle die Wohlthaten die du an uns gethan hast! Vergelten? — nein, das können wir nicht. Aber sie mit gerührtem Herzen erkennen, sie nach deinem Willen und uns zum Segen gebrauchen, das können, das wollen wir alle. Das geloben wir dir aufs neue in einer Stunde die zu den festlichsten unsers Lebens gehört. Vater, du hörest unsre Gelübde. Nimm sie gnädig an, und nie fehle es uns an Muth, nie an Kraft sie dir zu bezahlen! Amen.

Feierlicher betete ich noch nie in eurer Mitte, meine christlichen Zuhörer; aber noch ward auch uns allen kein so festlicher Tag als der heutige geschenkt. Schön war einst jener glückliche Morgen an welchem vor hundert und funfzig Jahren die ersten Lobgesänge unsrer entzückten Vorfahren von dieser heiligen Stäte unter freiem Himmel ertönten. Da sanken in namenloser Rührung fromme Greise auf ihre bebenden Knie und dachten mit Simeon: Herr nun läßest du deinen Diener in Friede fahren. Da floßen Thränen der Freude aus Augen, die vielleicht sonst noch nie eine Thräne geweint hatten. Da drückten unter unaussprechlichen Gefühlen zärtliche Mütter die geliebten Säuglinge

linge an ihre Brust und priesen sie glücklich wegen der bessern Zukunft die ihnen bevorstand. Da stammelten unmündige Kinder, begeistert durch das Beispiel der Erwachsenen, dem Allgütigen ihr Lob. — Was hätten wir alle empfunden, wären wir Zeugen dieses herzerhebenden, feierlichen Schauspieles gewesen!

Und doch, m. Z. doch steht wahrlich jener unvergeßliche Morgen an Wichtigkeit und Werth weit hinter dem heutigen Tage zurük. Was damals unsre Urväter nur im Geiste sahen, das steht schon längst vollendet vor unsern Augen. Was sie erst von der Zukunft erwarteten, das ward uns, ihren Nachkommen, schon in der frühsten Kindheit zu Theil. Und der Segen den sie sich von der errungenen Freiheit nur für die Folgezeit versprachen, hat sich uns durch eine anderthalb hundert jährige Erfahrung unwidersprechlich bestätiget. — Noch hatten sie manchen schweren Berg zu besteigen, manchen dornen vollen Weg zu gehn; unsre Pfade hingegen sind durch Gottes Gnade geebnet und lieblich. Noch waren ihre Freuden mit mancher ängstlichen Besorgnis vermischt; die unsrigen aber sind rein und ungetrübt. Noch bedrohte sie der Geist des damaligen Zeitalters mit mancher Unannehmlichkeit; der Geist des jetzigen eröfnet uns die angenehmsten Aussichten in die Zukunft. Sie glaubten: wir schauen. Sie säeten: wir ernten. Sie hofften nur: wir aber genießen. Wenn also auch der Stiftungstag unsrer Kirche in der Erinnerung dem Gefühl mehr Nahrung gewährt, so ist der heutige wichtiger und reicher an Beweisen der göttlichen Güte für den Verstand, und fordert uns mehr noch als jener zum Preise des Alliebenden auf. —

Fromme Greise in dieser Versammlung, die ihr einst als Jünglinge oder angehende Männer dem zweiten Jubelfeste unsrer Kirche beiwohntet; wie viel habt ihr in dem

 langen

langen Zeitraume erfahren der zwischen ihm und dem heutigen liegt. Welche schmerzlichen Wunden schlug euch der siebenjährige Krieg! Welche Gefahren schwebten über diesem Hause! Und siehe, eure Wunden sind geheilet. Diese Gefahren gingen vorüber. Ihr lebt, und noch steht diese Kirche, ein Wunder göttlicher Erhaltung. — Ein langer Zeitraum, erfüllt mit den edelsten Segnungen Gottes für Verstand und Herz, dehnt vor unsern Blicken sich aus. Ihn schließt, ihn krönt Freudebringend das heutige Fest. Es würdig zu feiern sei dann heute unser angenehmstes Geschäft.

Text. Ps. 100, 4. 5.

Gehet zu seinen Thoren ein mit Danken, zu seinen Vorhöfen mit Loben; danket ihm, lobet seinen Namen. Denn der Herr ist freundlich, und seine Gnade währet ewig, und seine Wahrheit für und für.

Schon haben wir, meine Zuhörer, wie ich hoffe, einen Theil der Pflichten erfüllt an die uns die verlesenen Textesworte erinnern. Mit größerer Rührung als sonst, betrat heute jeder Fühlende unter uns dies Heiligthum des Herrn. Mit Dankerfülltem Herzen blickte jeder Gute zu dem Gott auf, der diesen festlichen Tag uns schuf; und jeder Redliche nahm innigen Antheil an den Lobgesängen die wir dem Geber und Erhalter unsrer Kirche anstimmten. Allein so gewis es dem Herrn über alles nicht misfällt, wenn zahlreiche Versammlungen wie diese, sich zu seinem lauten Preise vereinigen, so gewis fordert er von Menschen denen er vorzüglich wohlgethan hatte, noch einen andern und thätigern Dank als der ist, der ihm nur mit den Lippen, oder durch vorübergehende Gefühle dargebracht wird. Wir feiern heute ein Fest, das unsern Blick auf eine lange Reihe göttlicher Segnungen richtet, die theils uns selbst, theils unsre schon längst verewigten

Vor-

Vorfahren beglückten; ein Fest das unter so günstigen Umständen noch nie in dieser Kirche gefeiert ward; ein Fest das von allen Erwachsenen in dieser Versammlung nur Wenige wieder erleben. Billig zogen wir daher heute in dieses Tempels Thore mit Danken; billig floß unser Mund in feierlichen Gesängen vom Lobe des Allgütigen über; billig rinnt ihm, der so Großes an uns gethan, die Thräne einer frommen und heiligen Freude. Aber sollten wir es nicht selbst fühlen, m. Z. daß mehr noch als dies an einem Tage uns obliegt, der für diese zahlreiche Gemeine und einst für ein ganzes Fürstenthum so merkwürdig war? Unsre Thränen werden vertrocknen, unsre Lobgesänge verhallen; selbst das Bild dieses festlichen Tages und seiner Veranlaßung wird uns nicht immer gleich lebhaft in der Errinnerung vorschweben. Nur was wir heute für Geist und Herz gewinnen, bleibt und folgt uns durchs Pilgerleben noch in die Ewigkeit nach. Diesen Gewinn davon zu tragen, uns seiner noch am Abend des Lebens zu freun, ist gewis unser allerseitiger Wunsch, und er wird nicht unbefriedigt bleiben, wenn wir gemeinschaftlich darüber nachdenken:

Wozu eine würdige Feier des heutigen Tages uns auffordert,

und dieser Aufforderung mit redlichem Herzen genügen. Sie fordert uns auf:

1. Zu frohen Erinnerungen an die Vergangenheit.
2. Zu dankbarer Schätzung der Gegenwart.
3. Zu frommen Entschließungen für die Zukunft.

Fro-

I.

Frohe Errinnerungen an die Vergangenheit sind die erste Pflicht die eine würdige und dankbare Feier des heutigen Tages uns auflegt. Ich nenne sie froh, denn wir mögen nun auf die Edlen hinsehen die einst unter mancherlei Aufopferungen diese Kirche errangen und bauten; oder wir mögen an Gott denken, der sie seit anderthalb hundert Jahren so liebevoll schüzte, so finden wir überall Veranlaßungen zur dankbaren Freude. Freilich ist und bleibt Gott die erste und vornehmste Quelle alles Guten das uns auf Erden zu Theil wird, und nichts bestätigt vielleicht bündiger die Wahrheit unsers Textes: der Herr ist freundlich, und seine Güte währet ewig, als die Geschichte unserer Kirche. Aber wenn er den Sterblichen erfreuet und segnet, so thut er es nicht unmittelbar, sondern durch gewiße Werkzeuge, und die wichtigsten dieser Werkzeuge sind die Menschen selbst. Durch Menschen führte er uns ins gegenwärtige Leben; durch Menschen pflegte er unsrer hülflosen Kindheit; durch Menschen gab er uns Bildung des Verstandes und Herzens; durch Menschen schaft er uns unzählige Freuden; durch Menschen bereitet er uns Trost in trüben oder kummervollen Stunden; durch Menschen reicht er uns das lezte Laabsal auf dem Kranken und Sterbebette; durch Menschen gab er uns einst auch diese unsre Kirche. Wenn daher heute unser Blick in die verfloßenen Zeiten zurück kehrt, solte er nicht gern auf jenen Unvergeslichen weilen, deren rastlosen Eifer wir dies Gotteshaus und einen unsrer festlichsten Tage verdanken? Es ist wahr, sie wallen nicht mehr im Staube wie wir. Längst hat ihr unsterblicher Geist sich aufgeschwungen zu Gott. Ihre Gebeine sind zerstreut und verweset. Ueber ihre Gräber und zwischen ihnen hindurch wallten wir heute zu dieser heiligen Stäte. Aber noch steht dies Heiligthum, ein Denkmal ihrer frommen Thätigkeit: noch schimmern uns aus der Geschichte die Tugenden entgegen durch die sie sich ein bleibendes Verdienst um ihre späten Enkel erwarben. Unter Sturm und Ungewitter säeten sie für ihre Nachkommen aus. Wir genießen bei heiterem Himmel die Früchte ihrer Saat. Wie billig daß wir ihrer heute mit Dank und Liebe gedenken, und an dem Feuer ihrer Tugend die unsrige entflammen.

Heldenmüthiges Vertrauen auf Gott in den bedrängtesten Lagen; unbesiegbare Standhaftigkeit in der Ausführung eines wichtigen Unternehmens; ein heiliger Eifer für Religion und öffentliche Gottesverehrung, waren hervorstechende Züge in ihrem Bilde, und glänzen noch jezt gleich köstlichen Edelsteinen in der unvergänglichen Krone ihres Nachruhmes.

Erschöpft durch die Drangsale eines verheerenden Krieges der jene blutige Geissel beinahe ein halbes Menschenalter auch über unser Vaterland schwang; in einer Stadt die durch Plünderung, Pest und Feuer verödet war; in einer Gegend wo Handlung und Gewerbe fast gänzlich danieder lagen: nicht mehr geschüzt von jenem frommen Könige, der mitten im Laufe seiner glänzenden Siege dahin sank: vergessen, wie es anfangs schien, von jener Versammlung die bestimmt war Deutschland den Frieden wieder zu geben; — beugte sie das Andenken an die Vergangenheit nieder, gab ihnen die Gegenwart keinen Trost, erfüllte sie die Zukunft mit bangen Besorgnißen. Wer unter solchen Umständen den Muth nicht verliert, wer in einem solchen Gedränge von gegenwärtiger und künftig zu befürchtender Noth, sich mit festem Glauben an Gottes Vorsehung hält, redlich das Seinige thut, und die Hoffnung beßerer Zeiten nicht aufgiebt, der ehrt den Herrn über alles durch ein eben so unbewegbares als seltnes Vertrauen. Und welche unwidersprechlichen Beweise von dieser Tugend gaben die damaligen Bewohner unsrer Stadt und Gegend. Tausende unsrer Landsleute verließen den Ort ihrer Geburt um in fremden Ländern Ruhe und Wohlfahrt zu suchen. Nur unsre Vorfahren hielten geduldig aus, bauten mühsam ihre vom Feuer zerstörten Wohnungen wieder auf, sammleten unter Thränen die wenigen Trümmer ihres ehemaligen Wohlstandes und suchten ihn unter Gottes Beystande aufs Neue zu gründen. Mehrere Städte Schlesiens gaben die so oft vereitelte Hofnung auf, sich freie Religions Uebung zu erringen. Nur sie ließen den Muth nicht sinken. Ohne fremde Unterstützung, ohne mächtige Empfehlung feuerte jeder fehlgeschlagene Versuch sie nur um so mehr an einen neuen zu wagen. Was war es dann das sie in diesen bedrängten Zeiten aufrecht erhielt? Vernimm es zu ihrem Ruhme, theure Gemeine! Es war das Vertrauen auf Gott. Auf ihn sahen sie in der Stunde der Noth Von seiner alles lenkenden Weisheit und Güte erwarteten sie eine bessere Zukunft, und, wie ungünstig auch die Umstände schienen, dennoch einen glücklichen Erfolg ihrer Bemühungen: So konnten Prüfungen, Drangsale und mislungene Entwürfe sie zwar erschüttern, aber nicht niederschlagen. Gleich Bergen Gottes standen sie, den Fuß in Ungewittern, das Haupt in Sonnenstralen, und ihr heldenmüthiges Vertrauen war nicht vergebens. Wie nach einer dunklen Gewitternacht die aufgehende Sonne allmälig die nächtlichen Schatten vertreibt und dann ein liebliches Morgenroth die Annäherung eines heitern Tages verkündigt, so gieng auch ihnen von Zeit zu Zeit ein Stral tröstender Hofnungen auf. Immer lichter ward das Gewölk das ihr Schicksal verhüllte; immer heiterer lächelte ihnen der Himmel, bis sie endlich schlug die unvergesliche Stunde die ihren wiederholten Bitten das gab was sie so lange fruchtlos gesucht hatten. Die Nachricht: wir dürfen eine eigne Kirche bauen! durchdrang mit namenloser Wonne ihr Herz, lies sie aller überstandnen Leiden vergeßen und erfüllte sie mit frohen Ahndungen einer beßern Zukunft.

Mit

Mit den heiligen Lobgesängen die heute vor hundert und funfzig Jahren von dem Bauplatze dieser Kirche zu dem Allgütigen aufstiegen, vereinigten sie das heilige Gelübde, nicht eher zu rasten als bis es vollendet da stünde dies der Verehrung Gottes gewidmete Haus.

Und sie haben es redlich gehalten. Mit einer Standhaftigkeit die es verdienet den späten Enkeln als Muster aufgestellt zu werden, führten sie ihr wichtiges Werk aus. Noch bluteten zwar die Wunden schmerzlich die ihnen Krieg und Verheerung geschlagen; noch lag der größte Theil ihrer Wohnungen in Trümmern darnieder: sie selbst waren verarmt, und die Gegend umher glich beinahe einer menschenleeren, verödeten Wüste. Und so schienen dann fast alle Quellen versiegt, fast alle Hülfsmittel zu fehlen die ihrem Unternehmen einen glücklichen Ausgang versprechen konnten. Aber was vermögen Schwierigkeiten gegen eine Standhaftigkeit die nichts erschüttert, gegen einen Eifer der nicht erkaltet, gegen einen Muth der aus weiser Ueberlegung, aus Glauben an Gott, aus Achtung gegen die Pflicht und aus gemeinnütziger Denkart entspringt! Von diesen Gesinnungen beseelt legten unsre Vorfahren getrost die Hand ans Werk, gaben sie mit Freuden was Krieg und Brand ihnen übrig gelaßen; brachte unaufgefordert der Arme seine lezten Pfennige, und so stieg, binnen Jahresfrist nach Legung des Grundsteins, diese Kirche empor; so ward sie allmälig von ihnen erweitert und verschönert, und zeugt noch heute von ihrem heiligen Eifer für Religion und öffentliche Gottesverehrung.

Unaussprechlich theuer waren ihnen beide; denn jene, wie oft war sie ihr einziger Trost unter den erlittenen Drangsalen gewesen! und diese, wie lange ward sie von ihnen schmerzlich entbehrt! Ehrwürdig war und blieb ihnen diese Kirche als eine der grösten Wohlthaten Gottes; schäzbar als das mühsam zu Stande gebrachte Werk ihrer Hände; wichtig als das Haus in welchem noch ihre Urenkel fähig gemacht werden solten ihnen dereinst nachzufolgen in den Himmel. Täglich sahen sie Menschen aus entlegenen Gegenden hier ihre öffentliche Erbauung suchen, und jeder Anblick dieser Art machte ihnen den hohen Werth einer eignen Kirche fühlbarer. So waren und blieben sie Freunde und Verehrer des öffentlichen Gottesdienstes; so thaten sie alles um den Wohlstand dieses Hauses nicht nur zu erhalten, sondern auch immer blühender zu machen. — Segen Gottes über euch, edle Erbauer und Wohlthäter dieser Kirche, die ihr schon längst übergienget in die Gefilde einer besseren Welt! Ihr höret den Dank nicht den heute eure Nachkommen aus gerührtem Herzen euch zollen; aber euer Andenken erlöscht nie in unser Brust. Enden auch wir einst unsern Lauf, dann suchen, dann finden, dann danken wir euch.

Viel thaten unsre verewigten Vorfahren; doch mehr nach der Gott den wir anbeten. Nur unter seinem besondern Beistande konnten jene die mächtigen Hinderniße besiegen die ihnen in den Weg traten. Nur unter dem Schutze seiner Vorsehung das was sie angefangen hatten, vollenden. Sie arbeiteten, und Gott segnete ihre Bemühungen. Sie bauten, und er förderte das Werk ihrer Hände. Sie weihten ihm dies Heiligthum, und er nahm es in seine allmächtige Obhut. Viermal drohte ihm ein verheerendes Feuer. Dreimal brachten es schreckenvolle Belagerungen in Gefahr. Unzählige Kugeln schienen es vor vierzig Jahren — ach, vielleicht an eben diesem Tage — zertrümmern zu wollen. Und noch steht es — zwar ein hundert und funfzigjähriger Greis — aber wie der Augenschein lehrt, noch immer in männlicher Schönheit und Stärke.

Das

Das ist dein Werk, Allgütiger! Du hörtest das kindliche Flehen mit welchem einst seine Erbauer dirs weihten, und hieltest über ihm deine schützende Hand. Mehr als einmal stürzten oder brannten die Häuser nieder die es umgaben. Zweimal ward der größere Theil unsrer Stadt ein Raub der verzehrenden Flammen. Nur diese Kirche blieb stehn als ein Wunder deiner Erhaltung. — Ja, Gott, du bist freundlich, und deine Güte währet ewig. Sie verherrlichte sich an unsern Vorfahren und an diesem Heiligthume. Sie verherrlicht sich noch jezt an uns allen. —

2.

Wir wollen uns also, m. Z. nicht blos der Vergangenheit freuen, sondern auch dankbar die Gegenwart schätzen. Dies ist das zweite wozu die Feier des heutigen Tages uns auffordert. Nur wenig erlaubt mir die Zeit hierüber zu sagen; aber selbst dies Wenige wird es, wie ich hoffe, beweisen, wie viel Ursache wir haben uns vor unsern Vätern glücklich zu preisen.

Das hellere Licht der Religion in welchem wir wandeln; das liebliche Band der Eintracht das jezt — ehemals getrennte Herzen umschlingt; und die glücklichern Aussichten die sich uns in die Zukunft eröfnen: das alles giebt unsern Zeiten einen entschiednen Vorzug vor den früheren.

Wir wandeln in einem ungleich hellerem Lichte der Religion als unsre Vorfahren. Fern sei von mir die Behauptung, daß sie ganz in Nacht und Finsterniß getappt hätten. Nein, auch sie besaßen manche schäzbare Einsichten, und selbst der Wunsch nach einer vollständigern Belehrung der sie so sichtbar beseelte, ist ein Beweiß, wie richtig sie in vieler Hinsicht über Gott und über Menschenbestimmung, über den Weg zur Tugend und

über

über die Mittel zur Glückseligkeit dachten. Aber eben dieser Wunsch macht es auch auf der andern Seite einleuchtend, daß sie es selbst fühlten, wie viel ihnen noch zu der gründlichen und lichtvollen Erkenntnis fehle, in deren glücklichen Besitze wir uns bereits seit mehreren Jahren befinden. Wie viele Irthümer an denen die Vorwelt mit frommer Einfalt hieng, sind jezt ausgerottet! Wie mancher Wahnglaube der durch den Stempel des Alterthums geheiligter schien, hat jezt seine Kraft und seinen Einfluß verloren! Welches Licht ist über die heilige Schrift und über ihre dunklern Stellen verbreitet! Wie viel haben einsichtsvolle Gottesgelehrte, nur seit einem Jahrzehend, zur Beförderung einer vernünftigen und religiösen Aufklärung gethan; Die Nacht ist vergangen, der Tag aber herbeigekommen! So kann man mit Wahrheit auch in Beziehung auf unsre Zeiten sagen. Und so glich dann, näher erwogen, die Erkenntniß unsrer Vorfahren, so richtig sie in Ansehung einzelner Wahrheiten seyn mochte, im Ganzen genommen, mehr der Dämmerung als dem hellen Lichte; war höchstens nur bei einigen das Morgenroth des vollen Tages in welchem wir durch Gottes Gnade einhergehen.

Von einem Jahre zum andern standen denkende Verehrer der Religion auf, die sie zum Gegenstande ihrer besondern Untersuchungen machten, und ihr Wesen, ihre Würde, ihren Einfluß auf Menschenwohl in ein helleres Licht setzten. Nicht als hätten diese ehrwürdigen Männer die alten Religions Wahrheiten verworfen und sie mit neuen vertauscht. Nein, es bleibt ewig wahr, was einer der ersten Lehrer des Christenthums 1 Kor: 3, 11. behauptet: einen andern Grund kann niemand legen außer dem der gelegt ist, welcher ist Jesus Christus. Aber in die Natur dieses Grundes immer tiefer einzudringen; die Wahrheiten der Religion immer deutlicher und bündiger darzustellen, sie dem denkenden Menschen

so-

sowohl als dem sinnlichen Menschen immer liebenswürdiger und achtungswerther zu machen: das war das unermüdete Bestreben jener Edlen unserer Zeit, und wir genießen die Früchte ihrer Arbeiten. Oft hatte man, besonders in früheren Zeiten, auf dem von Jesu gelegten Grunde, wie Paulus in der nehmlichen Stelle bemerkt, Holz, Heu und Stoppeln gebaut. Sie erbauten darauf, Gold, Silber und Edelsteine. Aus ihren einsamen Zimmern drang allmählig das wohlthätige Licht der Wahrheit in die Welt, machte immer glücklichere Fortschritte, erleichterte den Menschen die Veredlung ihres Herzens, verbreitete sich nach und nach in die niedrigsten Hütten, und es lebt gewiß mehr als ein Jüngling unter uns der eine weit gründlichere Kenntniß der Religion besizt, als in den älteren Zeiten selbst dem wißbegierigsten Greise zu erlangen möglich war. Uns umstralt also ein ungleich helleres Licht als unsre Voreltern, und welchem Aufmerksamen lächeln nicht lieblich und reizend seine wohlthätige Wirkungen entgegen. Laßt mich nur eine derselben berühren.

Hingesunken ist nunmehr die traurige Scheidewand die Jahrhunderte lang Menschen von einander entfernte, die durch Natur und Religion bestimmt waren sich zu lieben, und wenn gleich nicht auf einerlei Wegen, doch nach einem und demselben Ziele zu wallen. Verschiedenheit der Meinungen trennt jezt Christen nicht mehr von Christen, denn ihre Herzen sind eins. Freundlich und bieder reichen jezt aufgeklärte Katoliken ihren protestantischen Brüdern die Hand. Beide besuchen wechselseitig ihre Kirchen, finden dort Nahrung für ihren unsterblichen Geist, und heute, — ich bin stolz darauf es sagen zu können, ich fühle mich glücklich es erlebt zu haben, — heute feiern christliche Bruderliebe und religiöse Eintracht einen ihrer schönsten Triumphe. Blicke hin geliebte Gemeine, an jenen Altar. Ehrwürdige Lehrer der römisch katolischen Kirche, angesehene Glieder mehrerer geistlichen Orden, Männer von Geist und

Herz, alle in ihrem Kreise geliebt und geschäzt, sitzen dort brüderlich vereint mit den Lehrern unserer Kirche; feiern mit uns dieses glückliche Fest, verschönern uns durch ihre Gegenwart den heutigen Tag, danken mit uns dem Geber und Erhalter unserer Kirche, und auf den Flügeln der Andacht stiegen ihre Lobgesänge mit den unsrigen zum Throne des Allvaters auf. Ja **theure Brüder**, so nannte Sie schon längst im Stillen mein Herz, so nenne ich Sie heut öffentlich mit inniger Rührung, und biete Ihnen für mich und meine Gemeine die Hand zum heiligen Bunde. Erleichtern wollen wir uns den Gang durchs Leben durch Eintracht und wechselseitige Liebe. Sind auch unsre Wege nicht völlig dieselben, so laufen sie doch friedlich neben einander, vereinigen sich einst am Ziele und dort nimmt Sie und uns eine vergeltende Ewigkeit auf. — — — Fromme Väter die ihr vor hundert und funfzig Jahren hier unter freiem Himmel auf euren Knien lagt, so weit erhoben sich auch eure kühnsten Hoffnungen nicht, denn selbst eure Enkel wagten es vor funfzig Jahren kaum das zu erwarten. Nur unsern Zeiten war dieser Sieg der Wahrheit über das Vorurtheil, der Religion über die Meinung, der christlichen Bruderliebe über den ihr entgegenstehenden Geist des früheren Zeitalters beschieden, und welche beglückenden Aussichten öfnet uns das in die Zukunft.

Nie werden sie wiederkehren jene traurigen Zeiten wo Wahn und Aberglaube die Menschen mit eisernen Szepter beherschten, wo Misverstand und Verschiedenheit der Meinungen Menschen von Menschen, Brüder von Brüdern entfernten und so manche traurige Wirkungen hervorbrachten. Zu hell stralt schon das Licht der reinern Wahrheit, als daß es jemals wieder erlöschen könnte. Zu mächtig herscht der Geist des allgemeinen Wohlwollens, dieser eigentliche Geist des Christenthums, als daß er seinen Platz nicht auch künftig behaupten sollte. Zu deutlich erkennt man jezt die Richtigkeit jener biblischen Versicherung: daß

wer

wer Gott fürchtet und recht thut, ihm angenehm sei, als daß sie ihren heilsamen Einflus je wieder verlieren dürfte. Zu glänzend und zahlreich sind die Siege die sich die Religion Jesu in unsern Tagen errungen hat, als daß Irthum oder Aberglaube ihren Thron wieder umstürzen könnten. Leuchten wird vielmehr ihr wohlthätiges Licht noch unsern Kindern und Enkeln, und seine veredelnde, seine beglückende Kraft an ihnen immer sichtbarer beweisen. — Sorge dann nicht, redlicher Vater, der du vielleicht schon an des Grabes Rande stehst. Sorge nicht, fromme und zärtliche Mutter, wenn einst dein sterbend Auge bricht. Eben der Glaube der einst dein Stolz im Leben, dein Trost im Tode war, wird auch deinen Kindern ein Licht auf ihren Wegen, ein Stab auf rauhen Klippen, ein Schild in der Versuchung seyn; wird sie veredelt jenseit der Gräber in deine Arme zurückführen — So ladet uns dann die Gegenwart wie die Vergangenheit zur Freude und zu innigem Danke gegen Gott ein. Die Schicksale der Zukunft verhüllt uns eine undurchdringliche Nacht. Doch sie werden von einem Gott geleitet der uns wie unsre Väter liebt und schäzt und keinen seiner ächten Verehrer verläßt. Laßt uns dann den kommenden Tagen mit solchen Entschliessungen entgegen gehn die uns seines fernern Beistands würdig machen und dadurch eine dritte Pflicht erfüllen die die Feier des heutigen Festes uns auflegt.

3.

Nie wollen wir vergessen was Gott und gute Menschen für diese Kirche gethan haben. Jenes soll uns im dankbaren Vertrauen auf Gott; dieses im tröstenden Glauben an die Menschheit befestigen.

Unveränderlich ist das Wesen deßen Schuz sich an unsrer Kirche, deßen Erbarmung sich an unsern Vorfahren so unverkennbar verherrlichte. Seine Güte währet ewig, und seine Wahrheit, seine Vatertreue für und für.

Auch wir sind seine Kinder und haben gleiche Ansprüche auf seine Liebe. Durch tausend Schwierigkeiten deren eine immer größer schien als die andre, führte er unsre Väter zum Ziel ihrer Hoffnungen und Wünsche. So wird seine Weisheit auch uns Pfade und Ausgänge öfnen, wo unser blödes Auge sie nicht zu entdecken vermag. Unter mancherlei drohenden Gefahren erhielt und bewahrte er unser Kirche. So kann und wird sein Arm auch uns gegen alles in Schuz nehmen was unsrer wahren Glückseligkeit nachtheilig ist. Wie mislich also unsre Lage, wie hofnungslos unser Zustand, wie trübe unser Blik in die Zukunft seyn mag, so wollen wir doch nie verzagen. Es giebt einen Gott der Allmacht und Liebe der für uns sorgt; es giebt überall und zu allen Zeiten gute Menschen die uns den Gang durchs Leben erleichtern werden — Fromm und gut waren die Erbauer dieser Kirche; denn Gott und sein Wort galt ihnen über alles. Ihr Geist ging auf viele ihrer Nachkommen über; denn unter ihnen erhob sich dies Heiligthum zu einem immer blühendern Wohlstande. Unvergeslich werden jedem Freunde unsrer Kirche die Namen: Mittmann, Jentsch und Otto bleiben, und ihr Beispiel wird noch manchen zur Nachahmung ihrer Tugenden aufmuntern. Wir wollen ihn also nicht fahren laßen den tröstenden Glauben an die Menschheit. Wie viel Schwache und Unvollkommne, wie viel Fehlerhafte und Verdorbne es auch unter unsern Brüdern geben mag, so wird es doch nie an Beßeren fehlen die eine Zierde unsers Geschlechts sind, die es verdienen noch unsern spätesten Nachkommen als Muster dargestellet zu werden.

Und damit dies desto gewißer geschehe, so sei unser zweiter Entschluß: das helle Licht der Religion in welchem wir wandeln, dankbar zu benutzen, und es einst, wo möglich, unsern Kindern noch heller stralend zurückzulassen. Wir alle können wir alle wollen es thun. Wenn wir jede Gelegenheit wahr nehmen

men unsre Einsichten in die Religion zu berichtigen, oder zu erweitern: wenn unsern Geist ein ernstliches und vernunftiges Streben nach Wahrheit belebt; wenn wir bereit sind ihr auch unsre liebsten Meinungen aufzuopfern; wenn wir in unserm größern oder kleinern Wirkungskreise Irthum und Wahnglauben, zwar mit Vorsicht, aber doch mit männlichem Muthe, bekämpfen; wenn wir zu allem thätig die Hand bieten, was den Werth der Religion in den Augen unsrer Brüder erhöhen, ihren Einfluß auf Menschenveredlung verstärken kann; wenn wir die zweckmäßige Bildung der Jugend nicht hindern, sondern befördern: dann weicht es gewis nicht von uns dies göttliche Licht, dann leuchtet es uns wohlthätig auf dem Wege zum Vaterlande; geht einst glänzender noch zu unsern Nachkommen über, und dankbar blicken dann diese, nach abermals verlebten funfzig Jahren auf die Gräber hin die unsre verwesenden Gebeine bedecken. Auf unsre Gräber? — Ja, meine Zuhörer! Wenn einst das vierte Jubelfest unsrer Kirche eintrit, dann schlummern die meisten von uns schon längst im mütterlichen Schooße der Erde. Der Tod hat uns zu den früher Entschlafnen gesammlet und der Weltenrichter hat unsre Thaten gewogen.

O daß sie nicht zu leicht befunden würden! daß nicht etwa unsre vollendeten Vorfahren, daß nicht etwa die glücklichern Zeiten in denen wir jezt leben gegen uns zeugen möchten! Laßt uns dann das heutige Fest noch durch den heiligen Vorsaz auszeichnen: **so zu denken und zu handeln, daß wir gewis seyn können den frommen Erbauern unsrer Kirche einst nachzufolgen in den Himmel.** Weisheit und christliche Tugend sind der größte Schmuk, der höchste Adel des vernünftigen Menschen. Jene legt den Grund zu seinem daurenden Werthe, diese vollendet ihn. Wo beide in schwesterlicher Eintracht angetroffen werden, da erfüllt der Mensch mit

Freuden seine Pflichten, da gleicht sein nüzliches Leben dem Leben Jesu in der Welt, da nähert er sich täglich mehr seinem erhabenen Ziele, da ist er ein achtungswerthes Bild Gottes auf Erden, da empfängt ihn bei seinem Sterben der Himmel. Auf diesem Wege des Glaubens und der Tugend erwarben sich unsre verewigten Vorfahren die Krone des Lebens. Sind wir ihre Nachkommen, fließt ihr Blut in unsern Adern, sind wir mit Recht stolz darauf von ihnen abzustammen; so beseele uns auch ihr Geist so laßet uns dem schönen Beispiele nachahmen das sie uns als das edelste Erbtheil zurück ließen. — Verklärte Geister der Vollendeten, deren Gräber sich zum Theil unter unsern Füßen befinden! Hört die Gelübde die wir heute ablegen! Ihr waret gut und fromm; wir wollen es auch seyn. Ihr ehrtet Gott und sein Heiligthum; wir wollen euch nachahmen. Euer Glaube war thätig durch Liebe; das soll der unsrige auch werden. Ihr verließet die Erde reich an guten Gesinnungen und Thaten; wir wollen euch darin nacheifern. — Und damit dieser Eifer nicht in uns erkalte, so laßt uns, meine Zuhörer, die Vorsätze die wir in dieser Stunde gefaßt haben, niederlegen im Gebet vor dem Throne des Gottes, der so lange schon der Schuz und Erhalter unsrer Kirche war.

Laß sie dir gefallen, Allgütiger, unsre frommen Gelübde, und befestige sie in unserm Herzen. Laß sie reifen zu guten, dir gefälligen Thaten, damit sie nicht einst zeugen wider uns am Tage der Vergeltung. Dir kindlich zu vertrauen; deiner Wohlthaten nie zu vergeßen; in der Uebung des Guten nie zu vermüden; dein Wort dankbar zu ehren; diese Kirche als eins deiner wichtigsten Geschenke zu ehren, für sie gleich unsern Voreltern zu sorgen; das beschließen wir heute feierlich und mit inniger Rührung. Du gabst, du erhieltest sie uns: dir empfehlen wir sie mit froher Zuversicht für die kommenden Tage. Segne ne ihre würdigen Vorsteher, und jeden Redlichen der ihr Bestes mit weiser Sorgfalt und gewißenhaftem Eifer befördert. Sei ihr Schuz und Erhalter wie du seit anderthalb hundert Jahren es warst; damit wenn einst der Staub unsrer Urenkel sich mit dem unsrigen vermischt, sie noch unversehrt da stehe zum Preise deines heiligen Namens. Jede Versamlung in diesem Hause mache uns weiser und besser; jede brauchbarer für die Erde und fähiger zum Himmel. Dann treten wir einst ohne Beschämung in die Kreise unsrer frommen Vorfahren. Dann schwingt sich unser veredelter Geist unter frohen Ahnungen über Grab und Welt, zu dir, wenn seine morsche Hütte bricht. Amen.

Anlage 9.5.

N. 11. Schweidnitz d. 30. Aug. 13.

Geliebtes Weib!

Victoria! Blücher hat die Franzosen geschlagen! Der Kronpr. v. Schwed. hat die Franzosen geschlagen! Wittgenstein hat die Franzosen geschlagen! Wellington hat die Franzosen geschlagen! [illegible] Abschrift des 3. gedruckten [illegible] Abschrift der gestern aus dem Blücherschen Hauptquartier [illegible] commandierenden [illegible] officielle, [illegible] Alles [illegible] genommenen Kanonen ist viel größer. [illegible] 100 [illegible] 900 [illegible] in die Casematten am Striegauer Thor gelegt. [illegible] nach Breslau transportiert werden. [illegible] Jauer u. Striegau [illegible] Transport [illegible] Operationen [illegible]

Die 1. u. 12. Artillerie Comp. [illegible] Batterien [illegible] 2. Neisser Corps [illegible] E. Glück [illegible] Krausenecksche Corps [illegible] Liegnitz [illegible]

Das Arenden von E. [illegible] über 5 [illegible] Equipage [illegible] 20 [illegible] Bivouaquiren [illegible] Hochkirch [illegible] Fr. [illegible]

Die Nachricht daß Wellington den Marschall Soult und zwar am 20. Jul. geschlagen, und daß der Weg durch die Pyrenäen offen sei, ist aus den [illegible] Zeitung [illegible]

Gestern starb nach einer Krankheit von 2. Tagen der General Kalkreuth [illegible] Alles [illegible] Alschrift [illegible] Commandeurs [illegible] Postexpeditionen [illegible] Brief N. 10. vom 26. [illegible]

[illegible] Krauseneck

Krauseneck'sche Corps [illegible]

25000 M. [illegible]

161

FSC
www.fsc.org
MIX
Papier aus verantwortungsvollen Quellen
Paper from responsible sources
FSC® C105338

© Copyright 2020
Harald Kunowski

Herstellung und Verlag:
BoD- Books on Demand, Norderstedt
ISBN: 978-3-7526-2332-1